"Com gratidão a Deus, dedico este livro:
À minha amada esposa, Susu, cujo carinho e apoio são a luz que guia cada página.
Aos meus queridos filhos, Fábio e Carla, que são as estrelas que brilham no céu da minha jornada criativa.
E aos meus netos, Rebeca e Thiago, que trazem a magia da infância e a inspiração para sonhar. Eles são as cores vivas nas ilustrações deste livro.
Que esta história alcance os corações de todos os pequenos leitores, assim como vocês aqueceram o meu.
Com amor e gratidão,

Nelson J. Bagnato

Para as estrelas mais brilhantes, os sonhadores incansáveis e os pequenos exploradores:
Que este livro seja o seu tapete mágico, levando-os a mundos encantados e aventuras sem fim. Que cada página seja um sorriso, um abraço apertado e um convite para imaginar. Que a imaginação de vocês voe alto, como pipas coloridas no céu.
Com carinhjo e magia,

Nelson J. Bagnato

2024

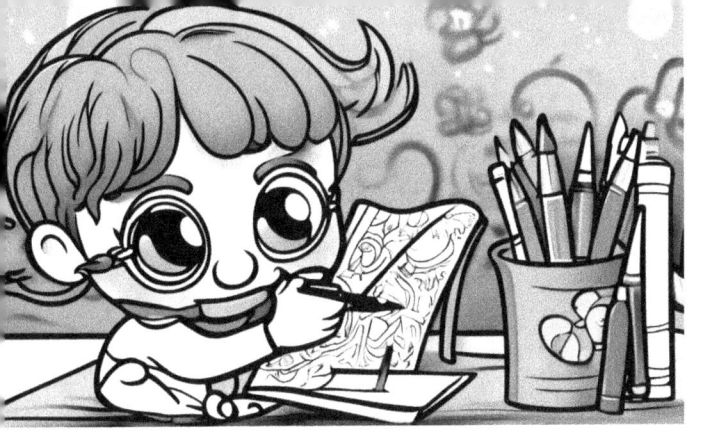
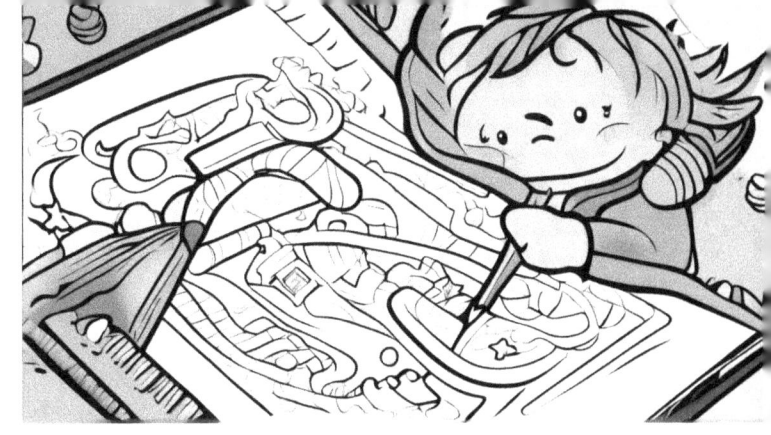

Este livro pertence a:
_____

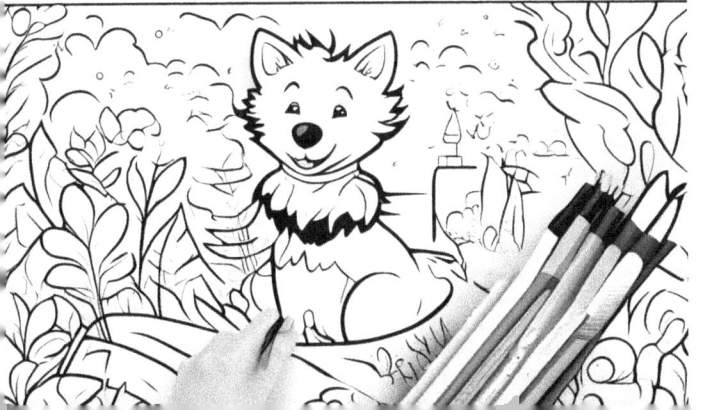
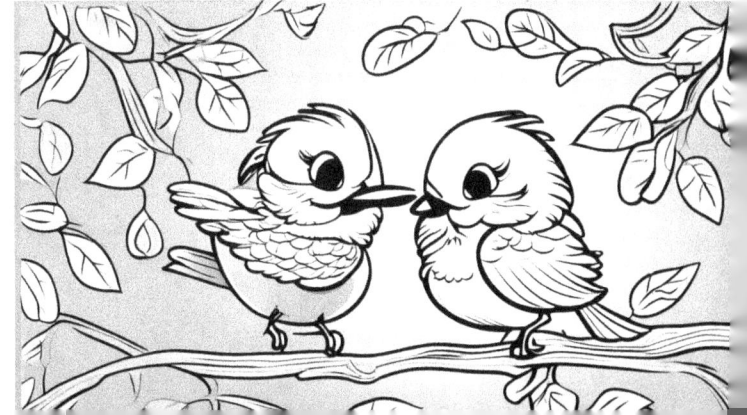

TODOS OS DIREITOS RESERVADOS
2024

Nenhuma parte desta publicação pode ser reproduzida, distribuída ou transmitida de qualquer forma ou por qualquer meio, incluindo fotocópia, gravação ou outros métodos eletrônicos ou mecânicos, sem a permissão prévia por escrito do editor, exceto para breves citações incorporadas em resenhas críticas e outro usuário não comercial específico. Qualquer réplica não autorizada deste trabalho é proibida.

Página de Teste de Cores

Cenários Brasileiros Regionais: Uma Aventura Pintando o Brasil!

Introdução

Olá, aventureiros de plantão! Bem-vindos a este livro cheio de magia, onde vamos explorar os cenários mais incríveis do Brasil. Peguem seus pincéis e tintas, porque a diversão está só começando!

Na densa floresta amazônica, encontramos árvores gigantes, rios sinuosos e animais exóticos. Pintem um tucano colorido voando entre as árvores e um jacaré espiando da margem do rio. A Amazônia é um tesouro natural!

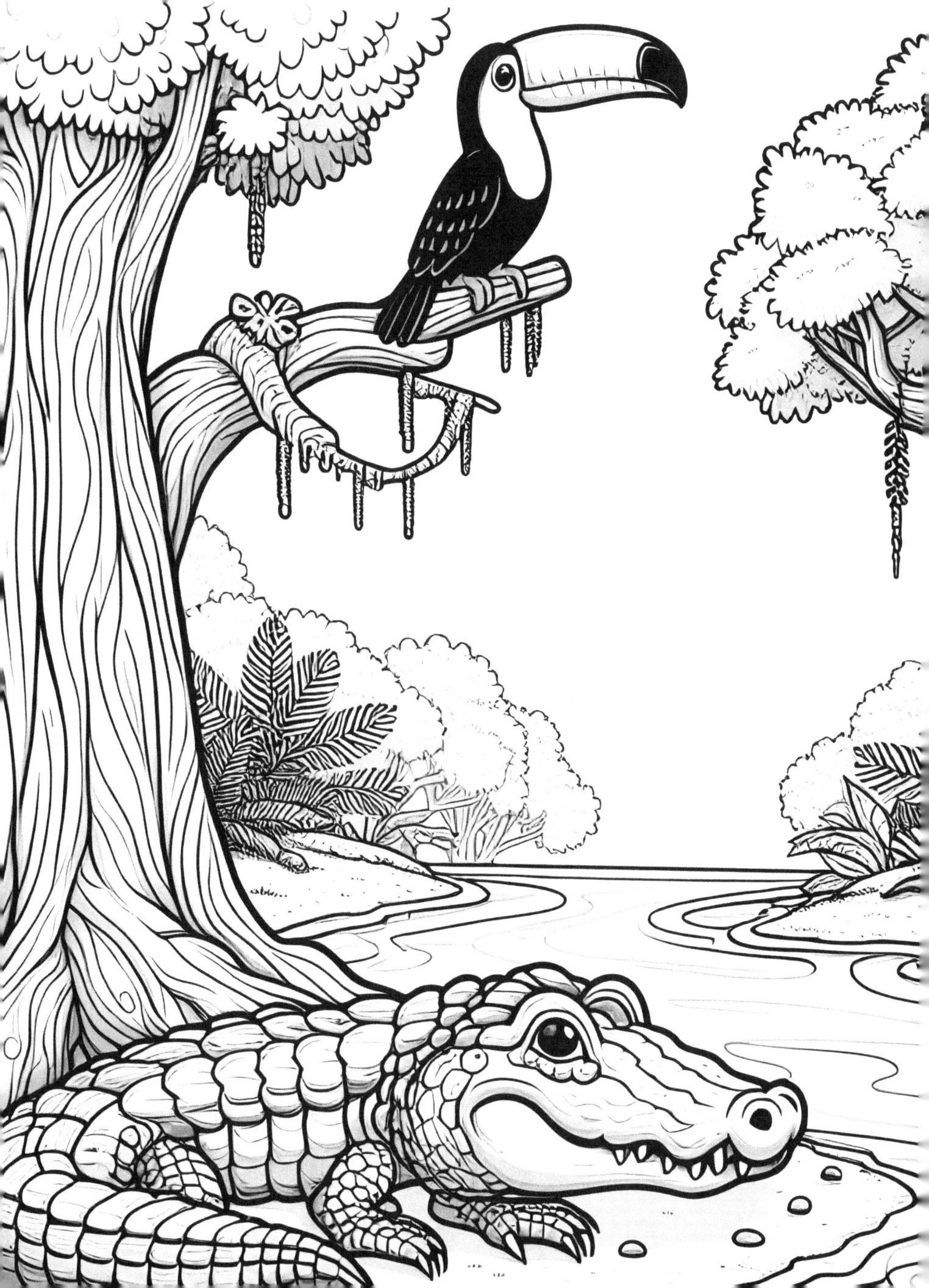

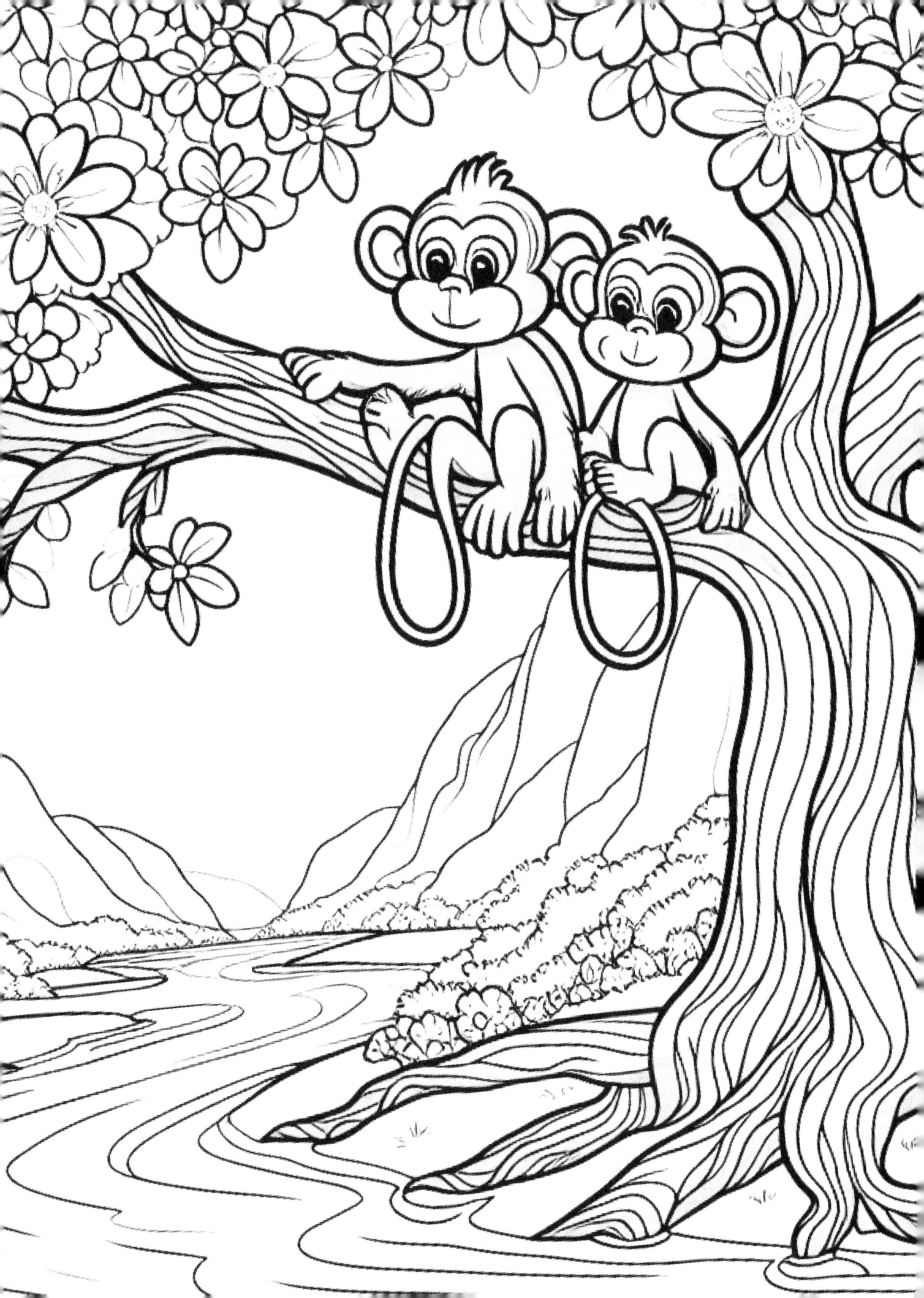

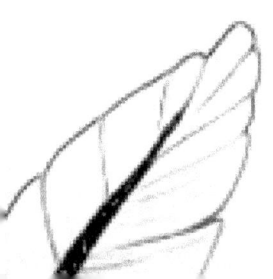

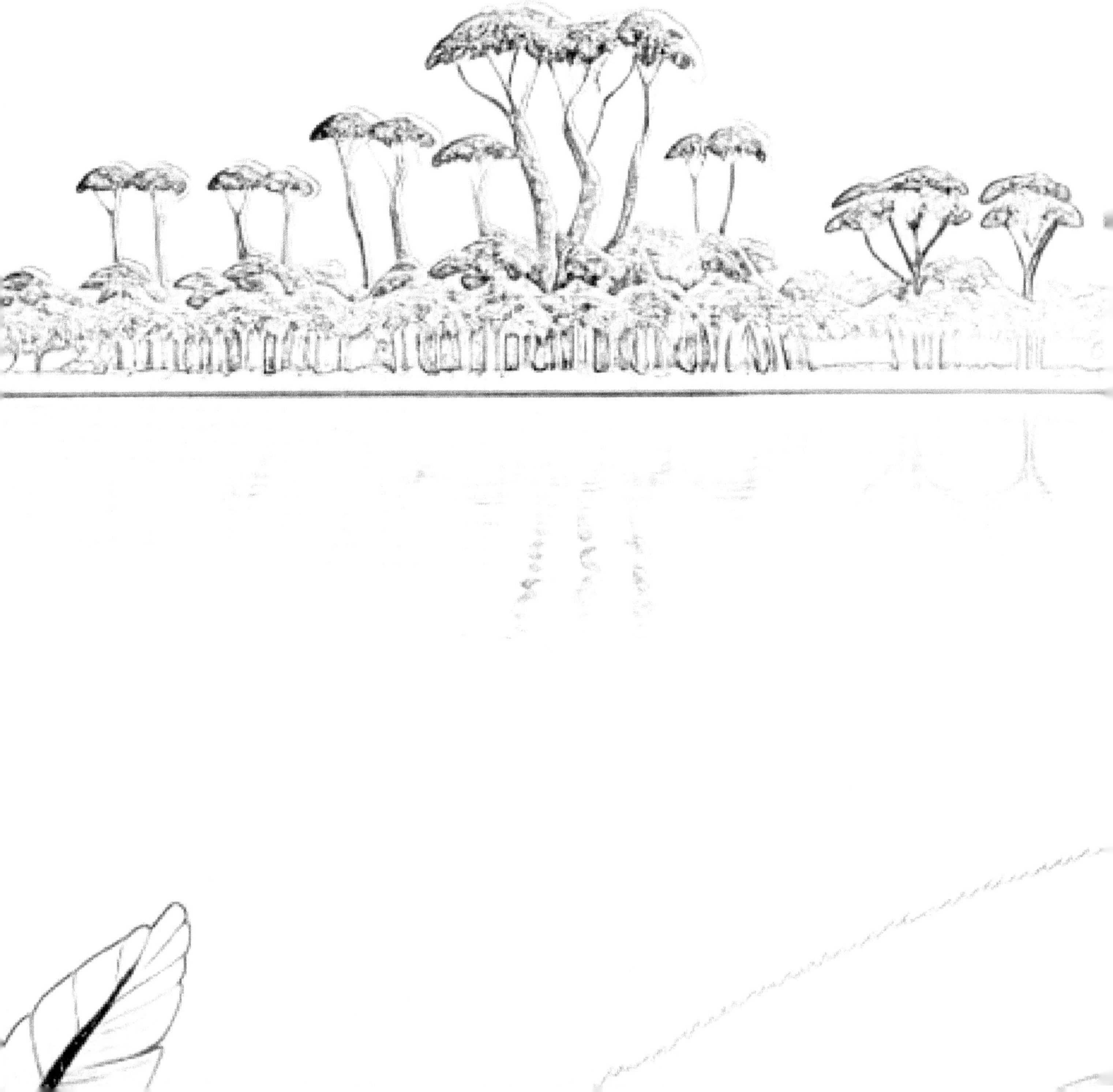

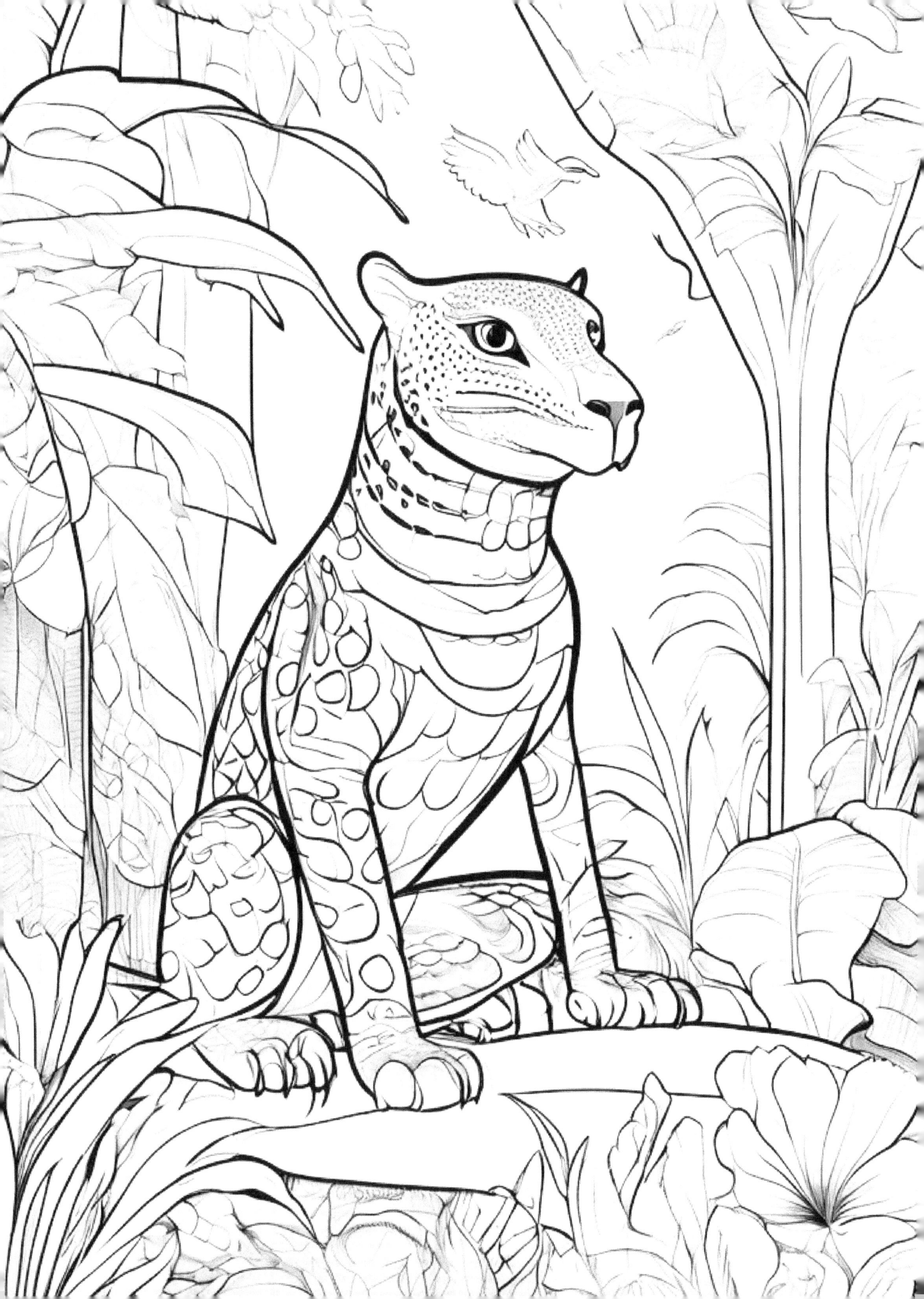

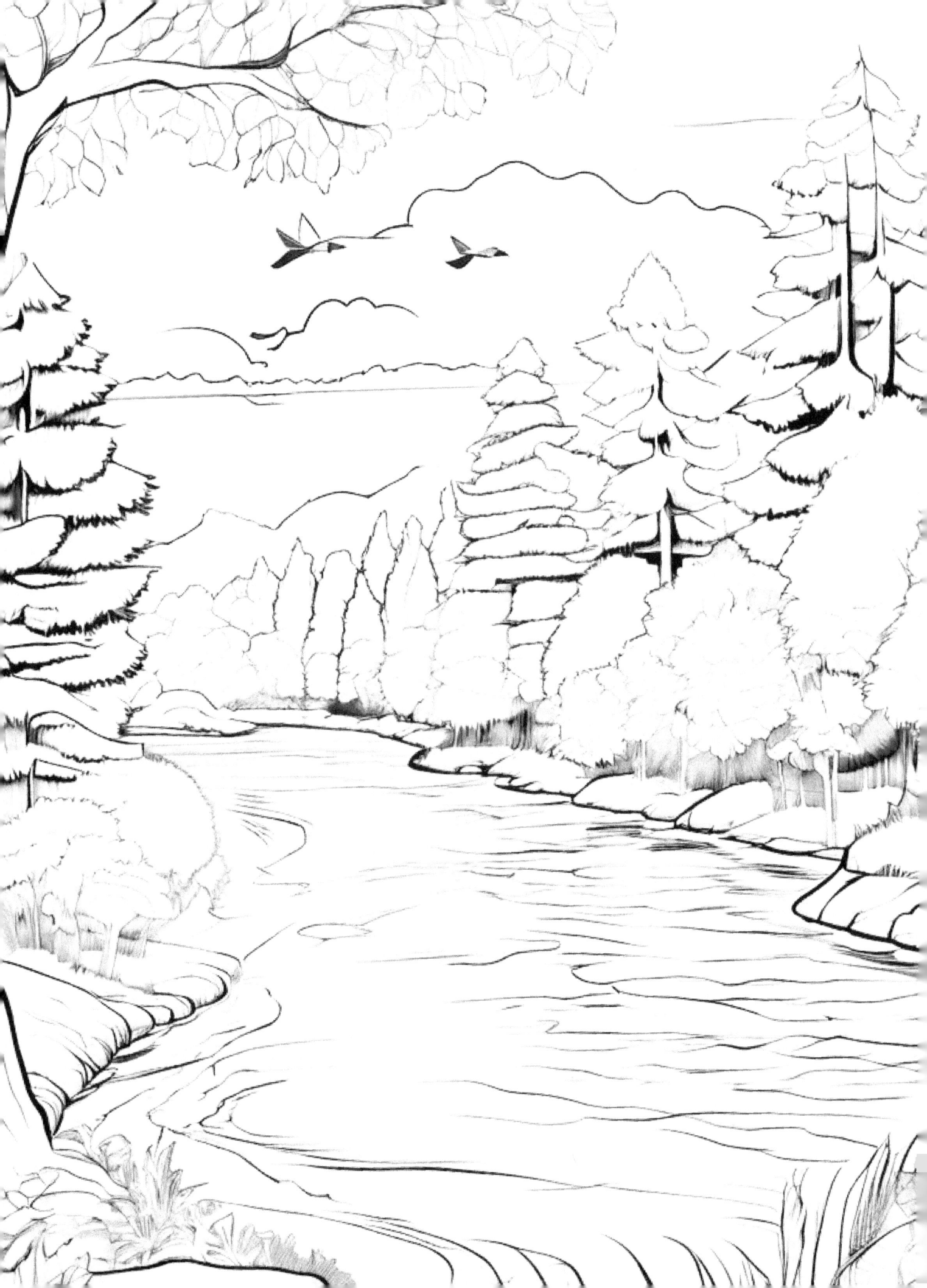

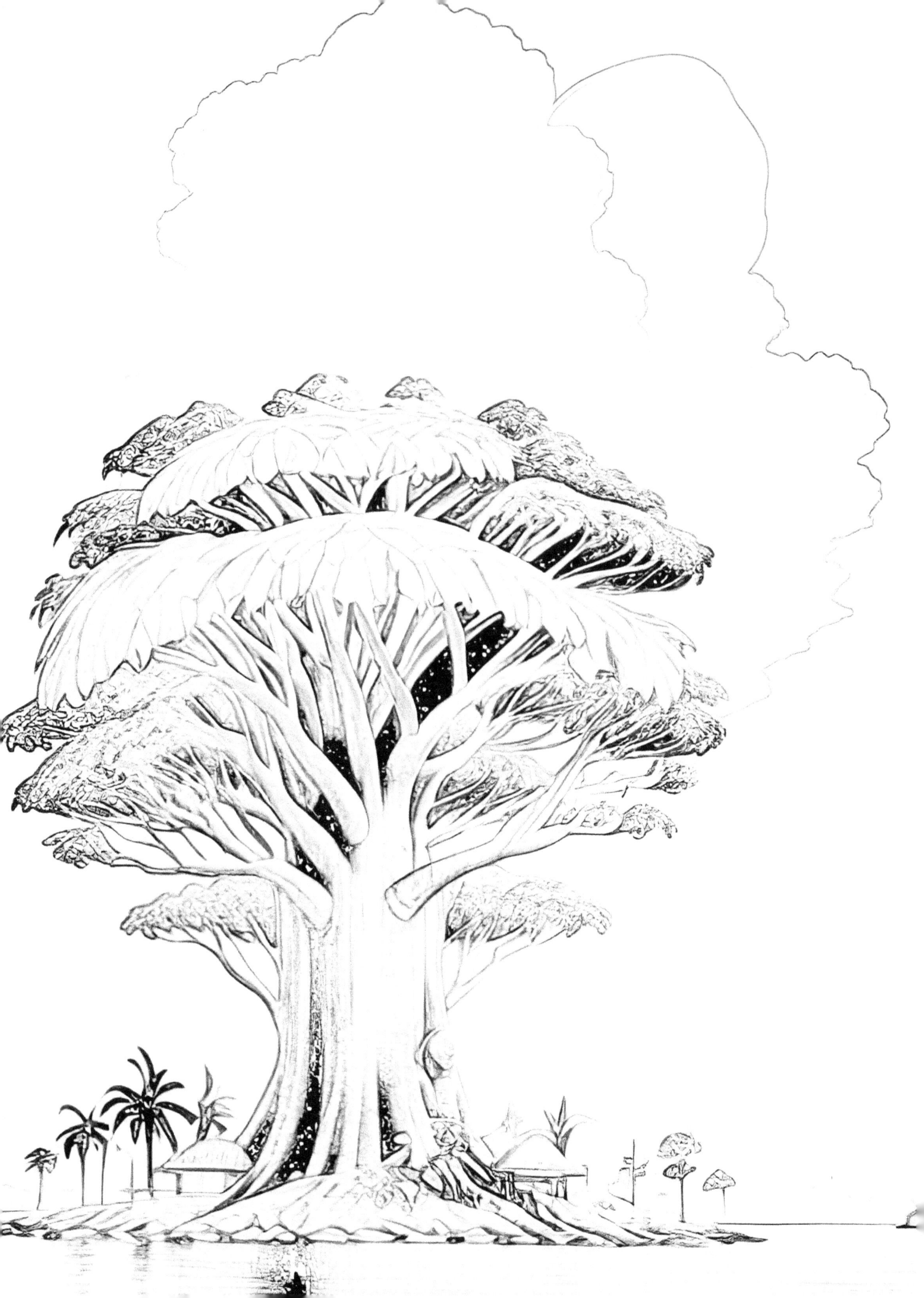

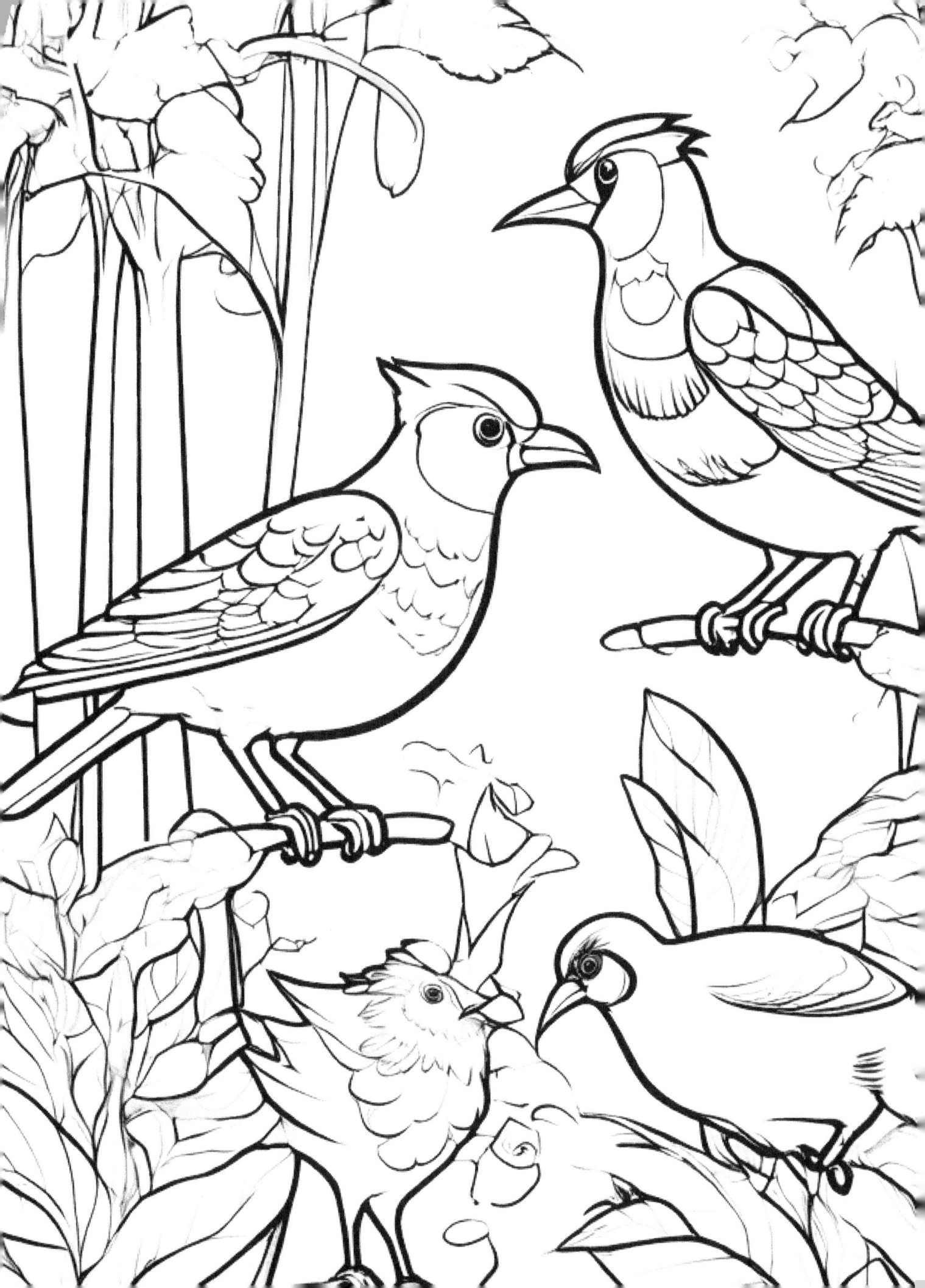

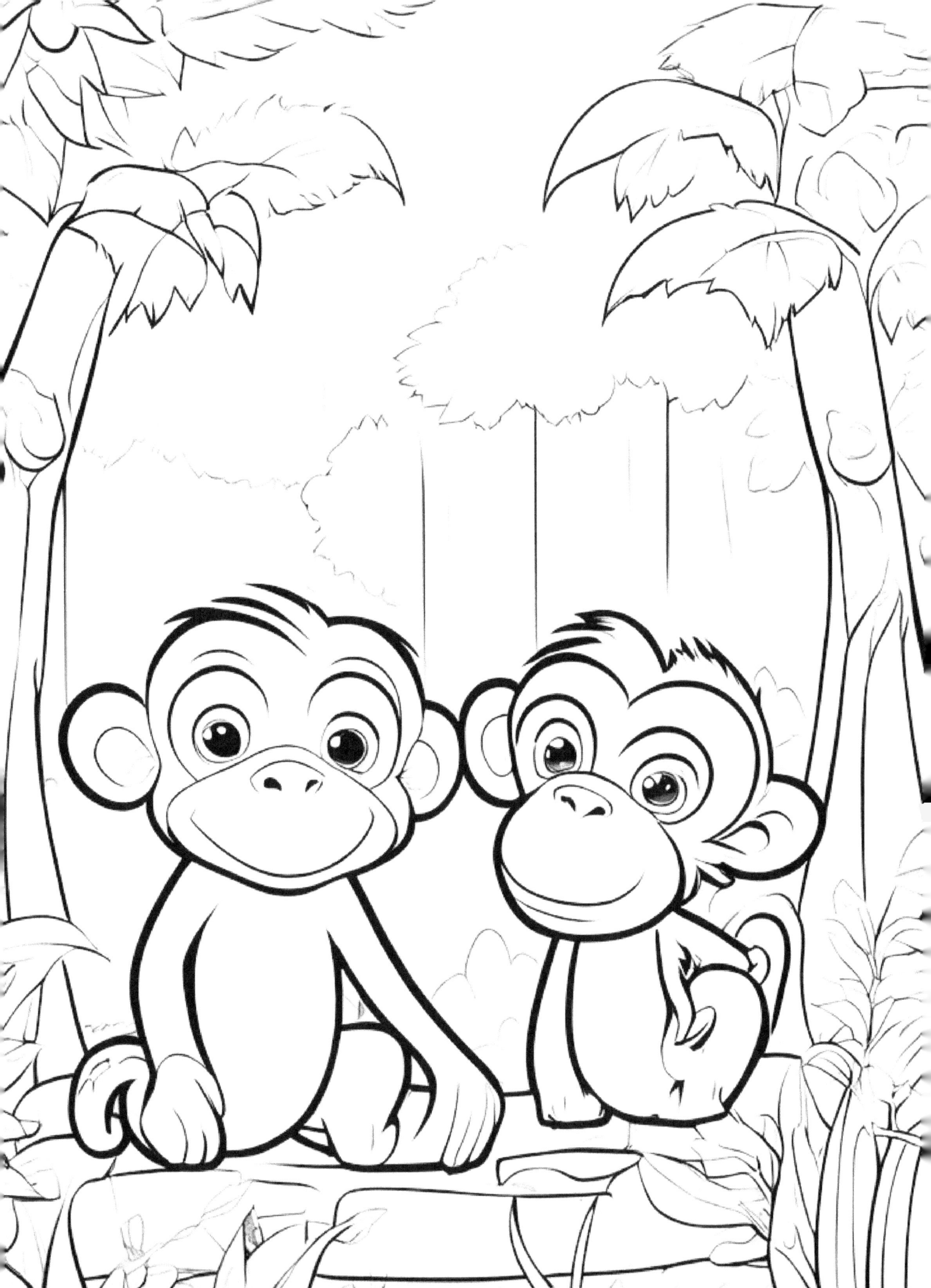

O Pantanal é uma terra de águas e cores vibrantes. Aqui, araras-azuis voam alto, e capivaras relaxam à beira dos rios. Peguem seus pincéis e pintem um pôr do sol dourado refletindo nas águas calmas.

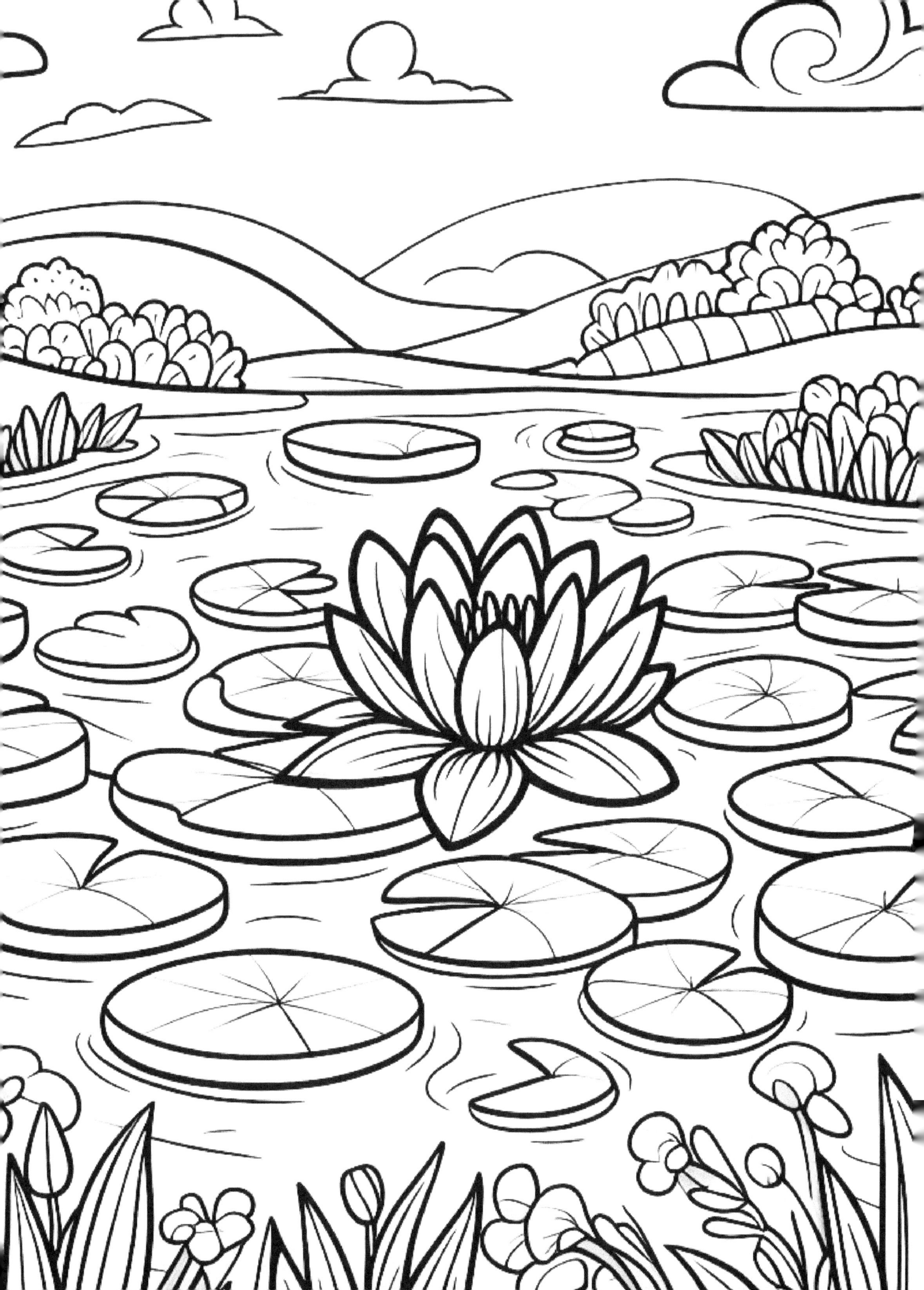

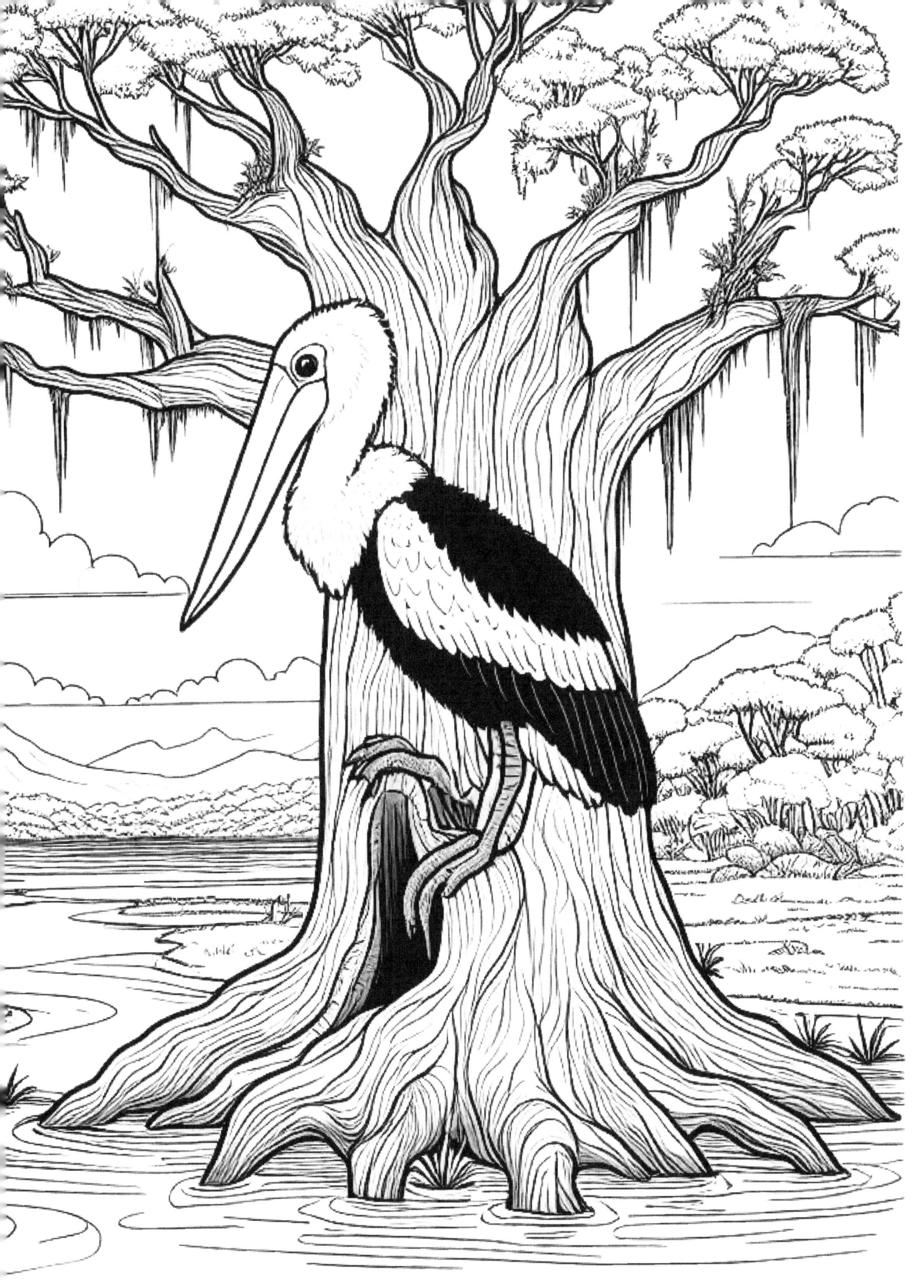

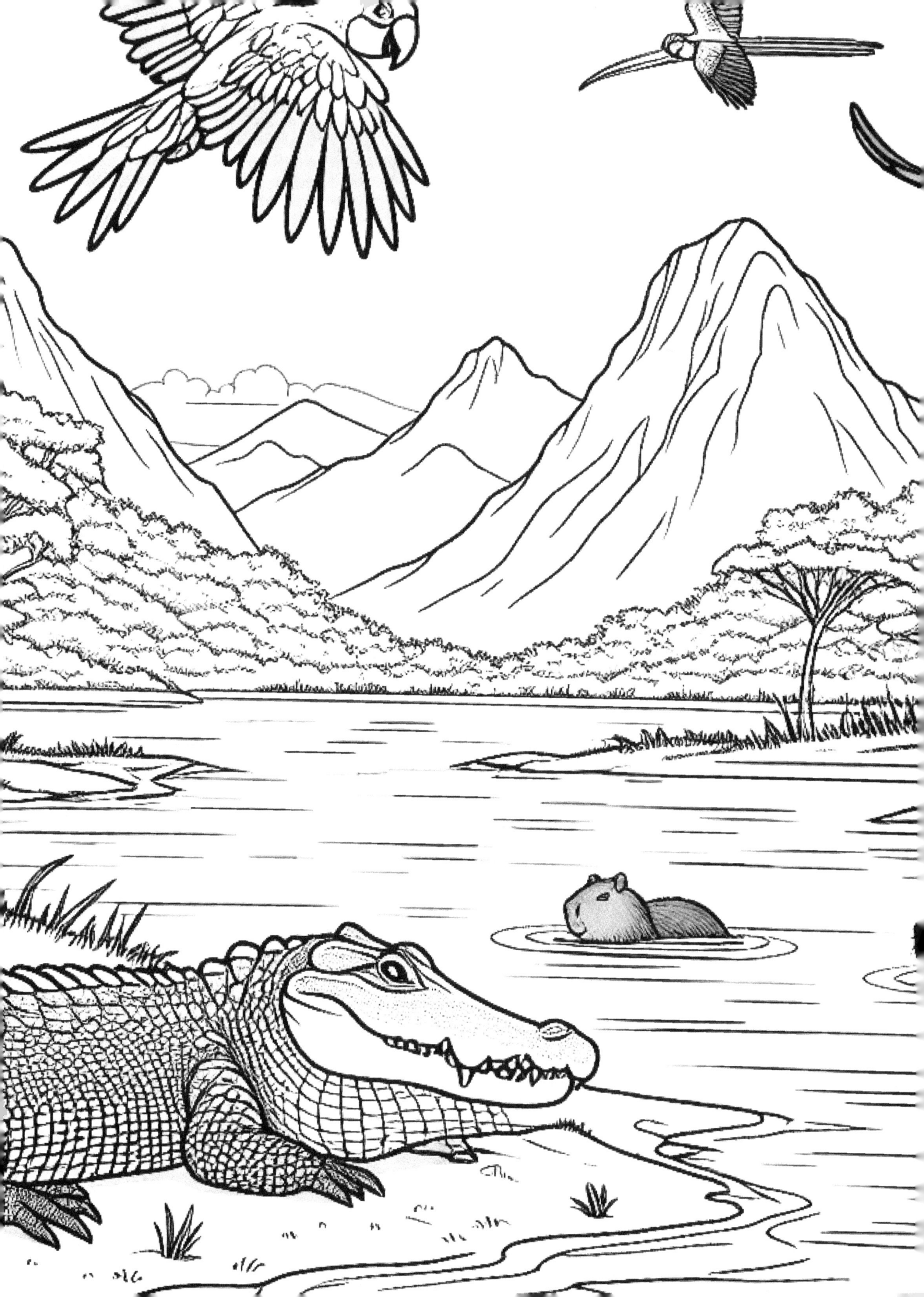

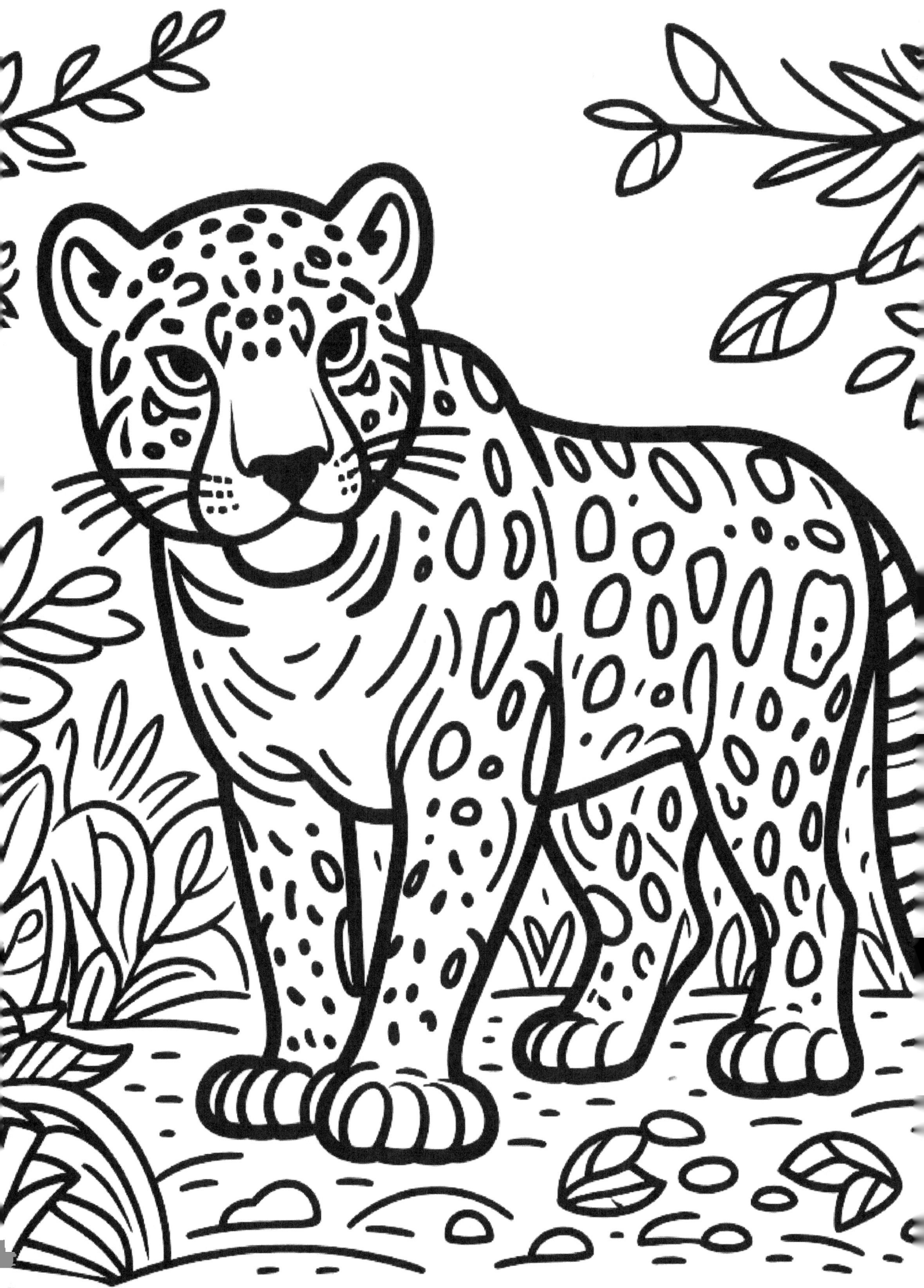

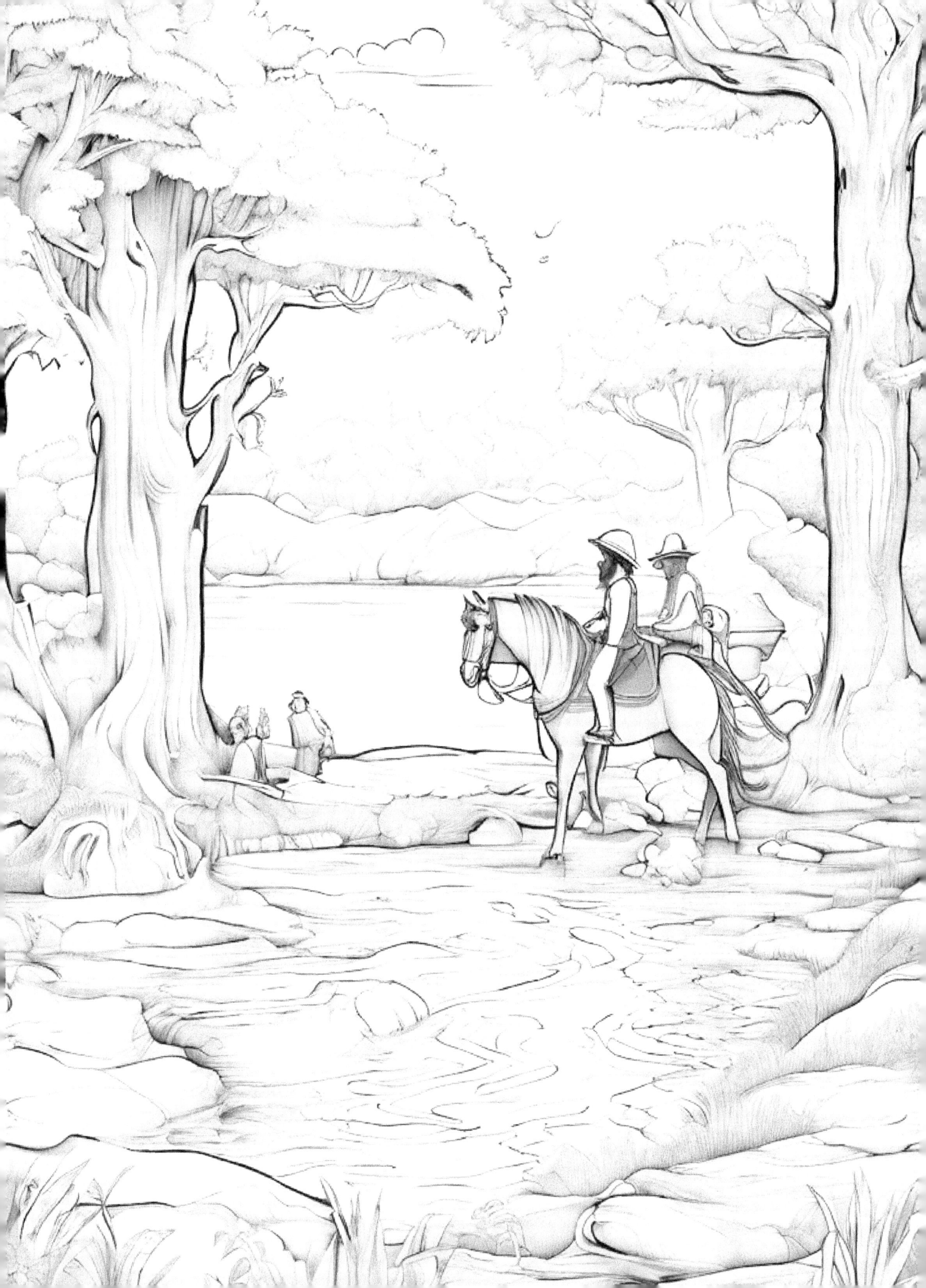

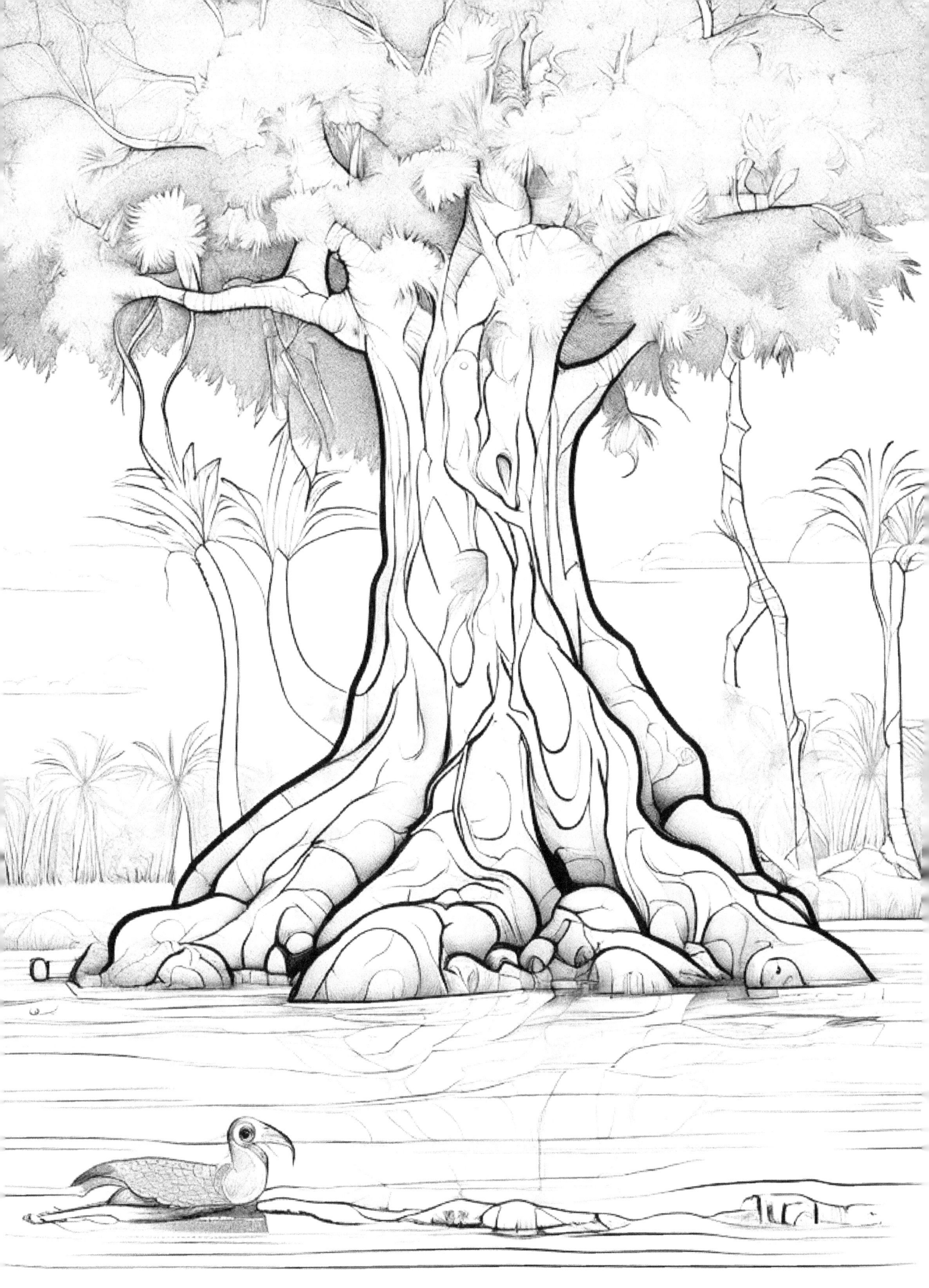

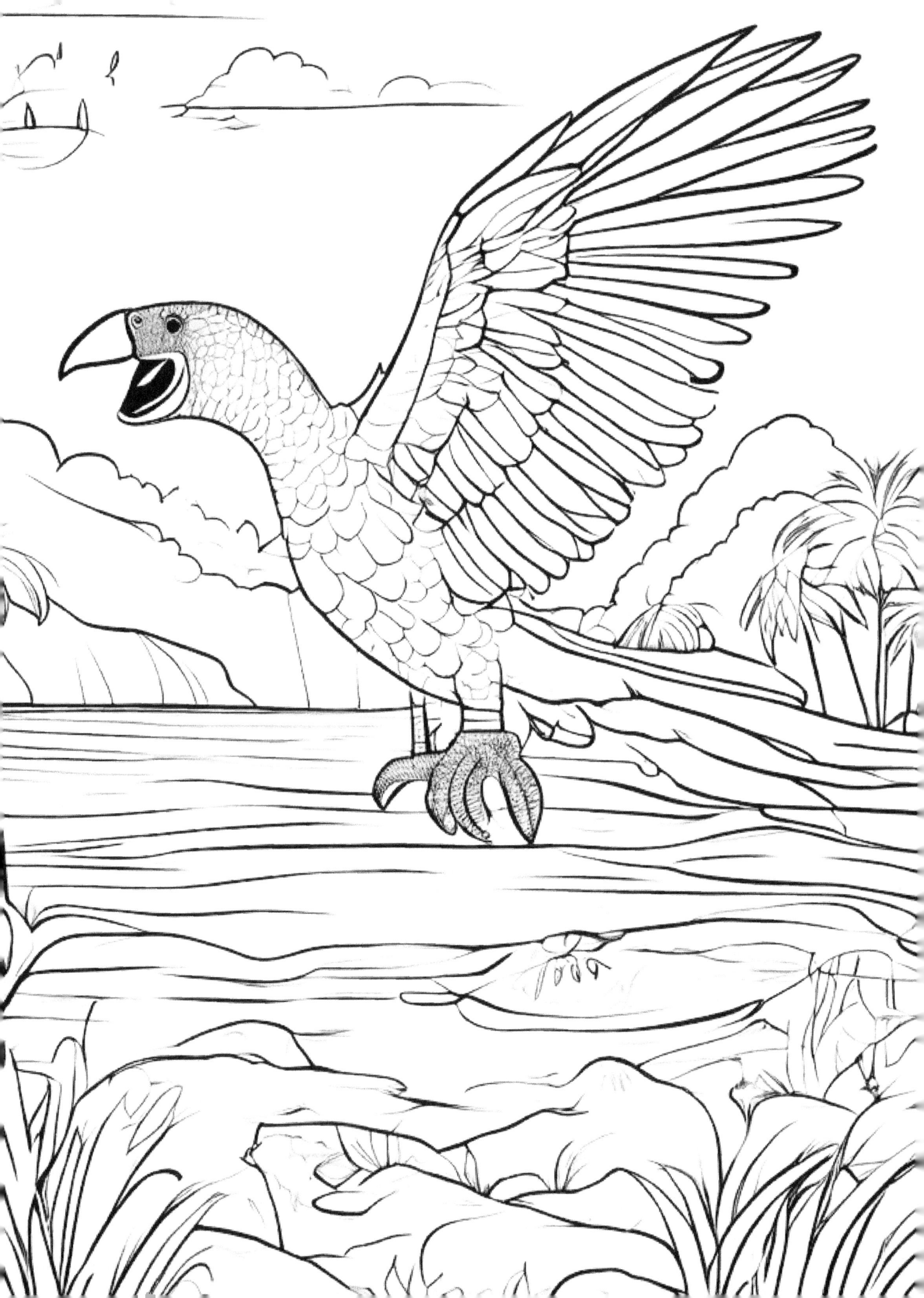

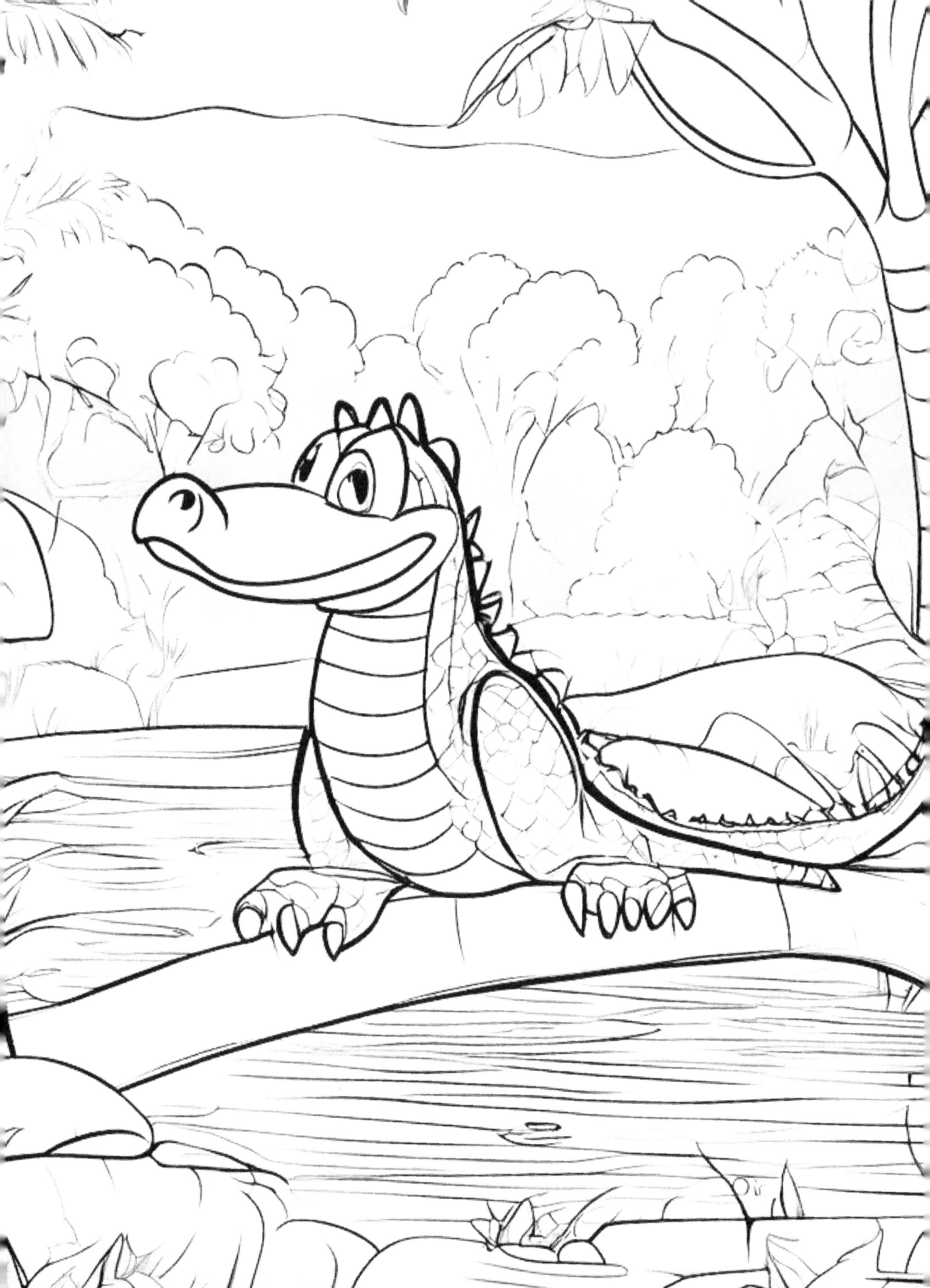

No sertão nordestino, o sol brilha forte! Pintem um cacto resistente e um jumento descansando à sombra. As cores quentes do sertão vão alegrar suas telas!

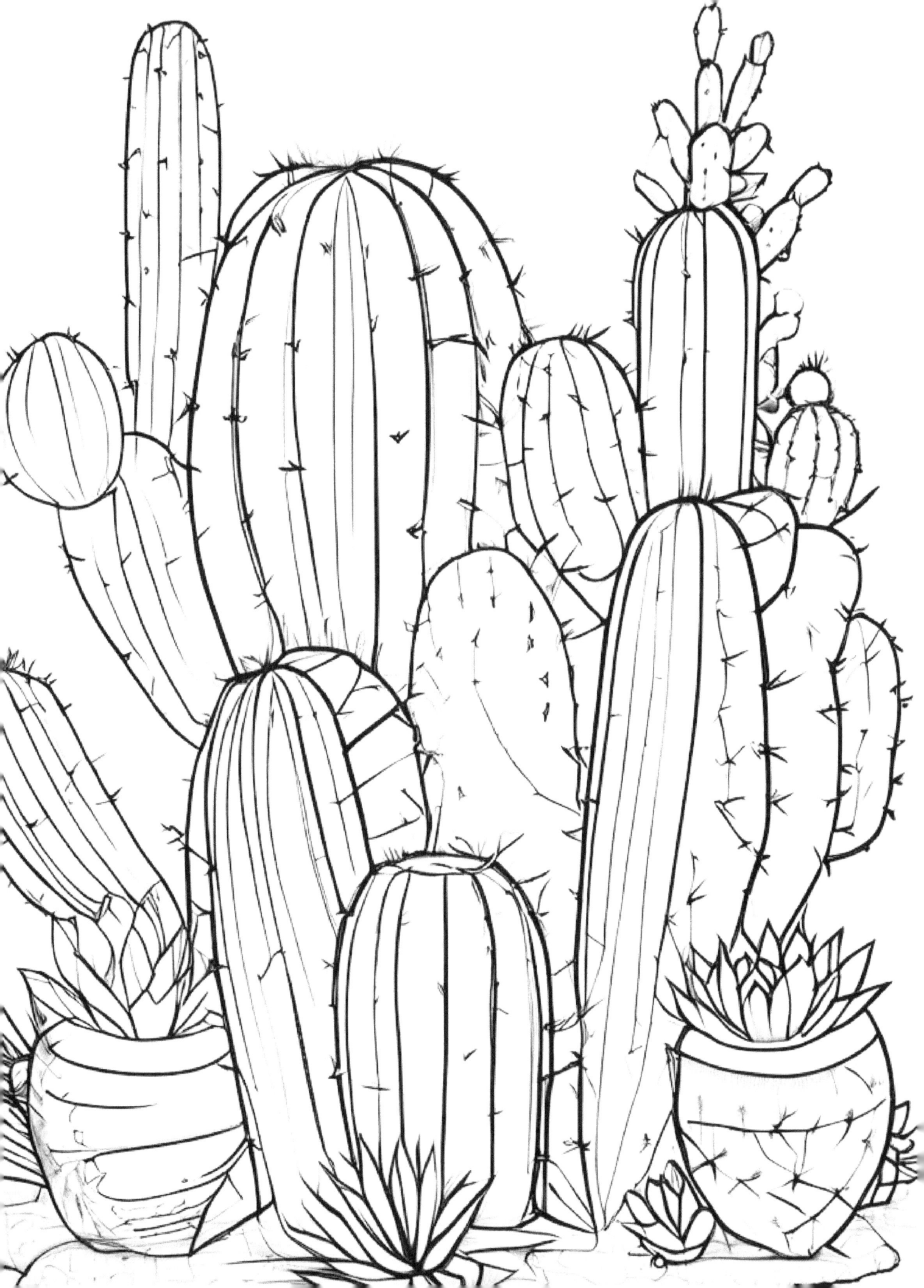

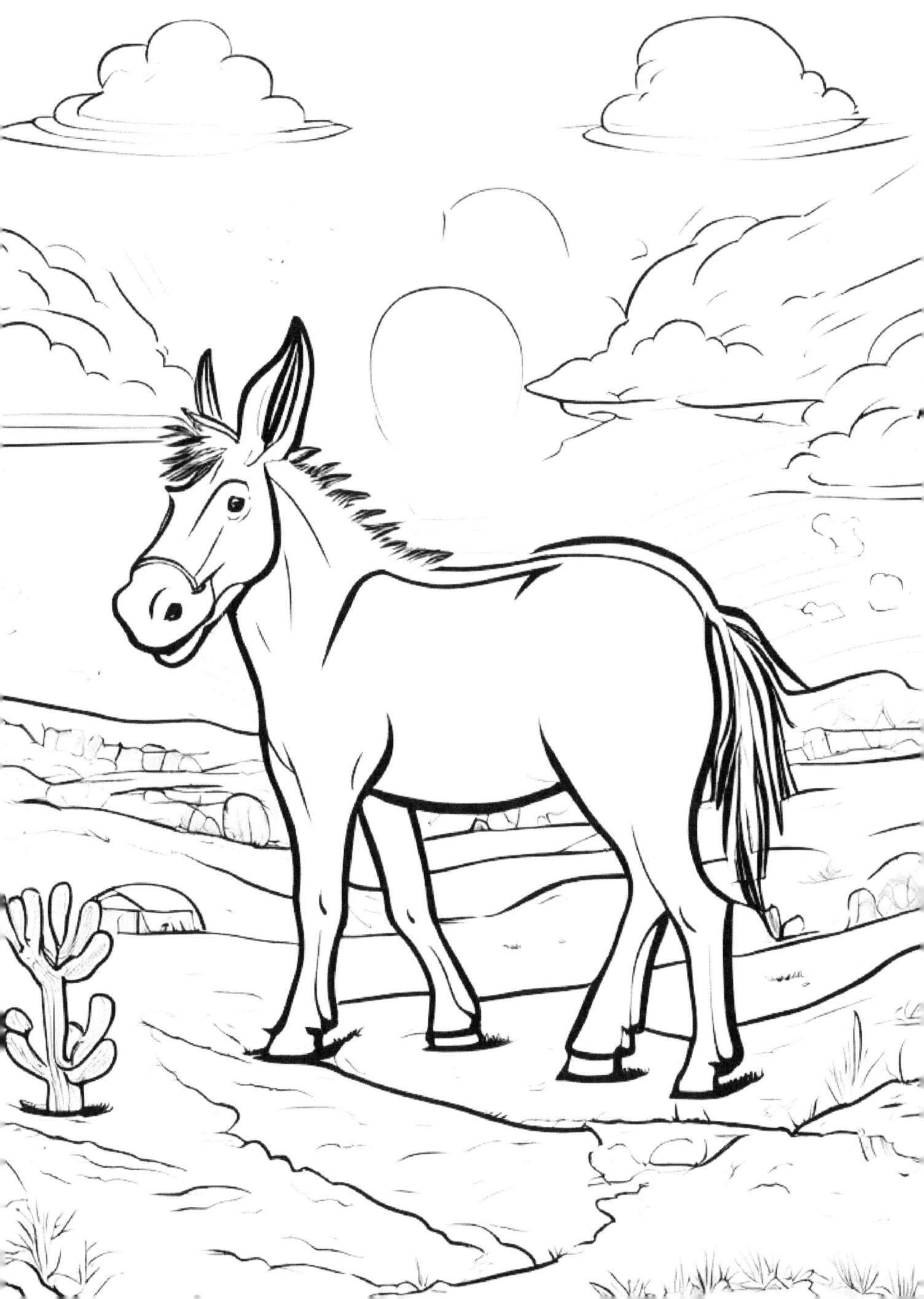

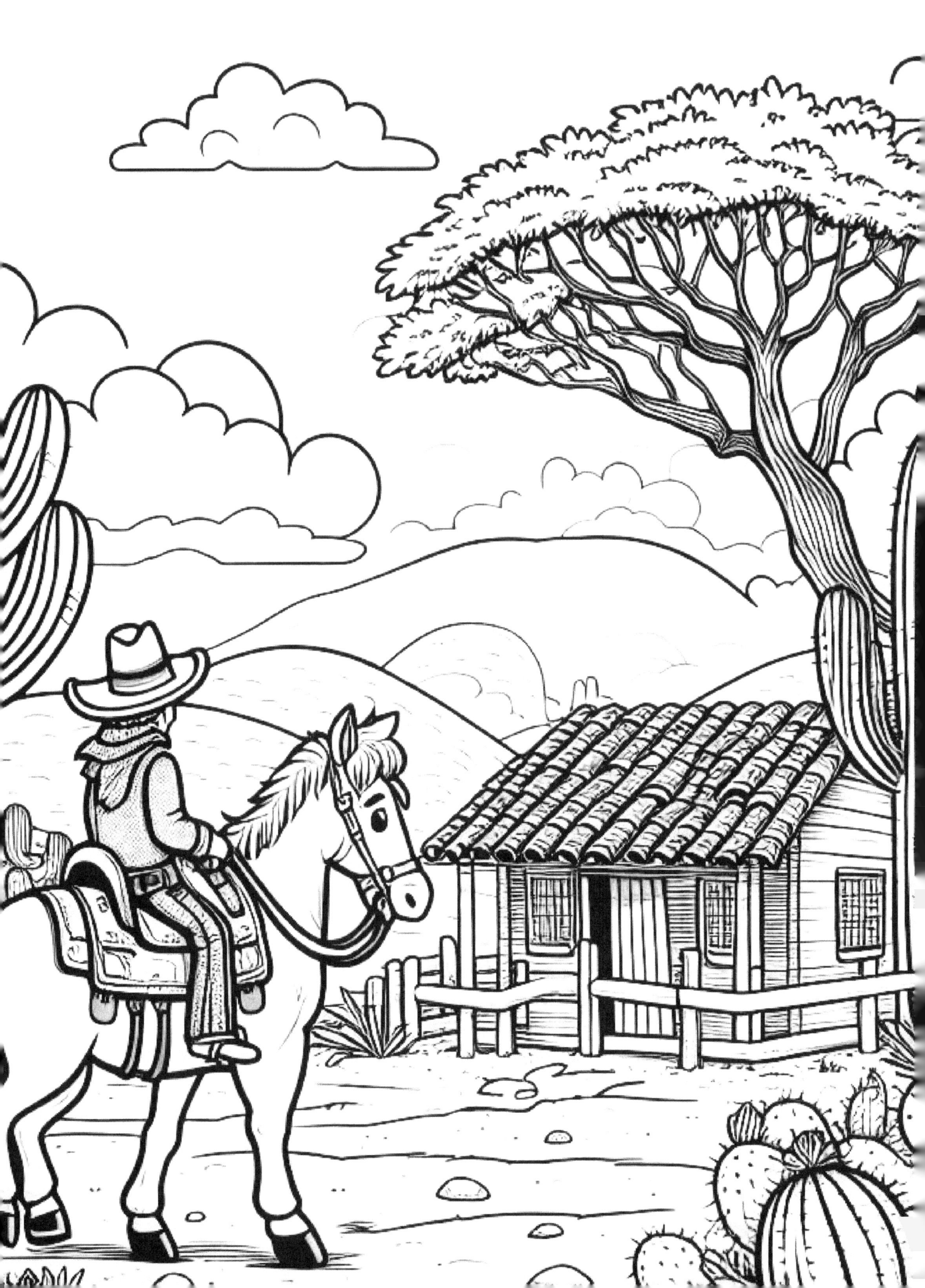

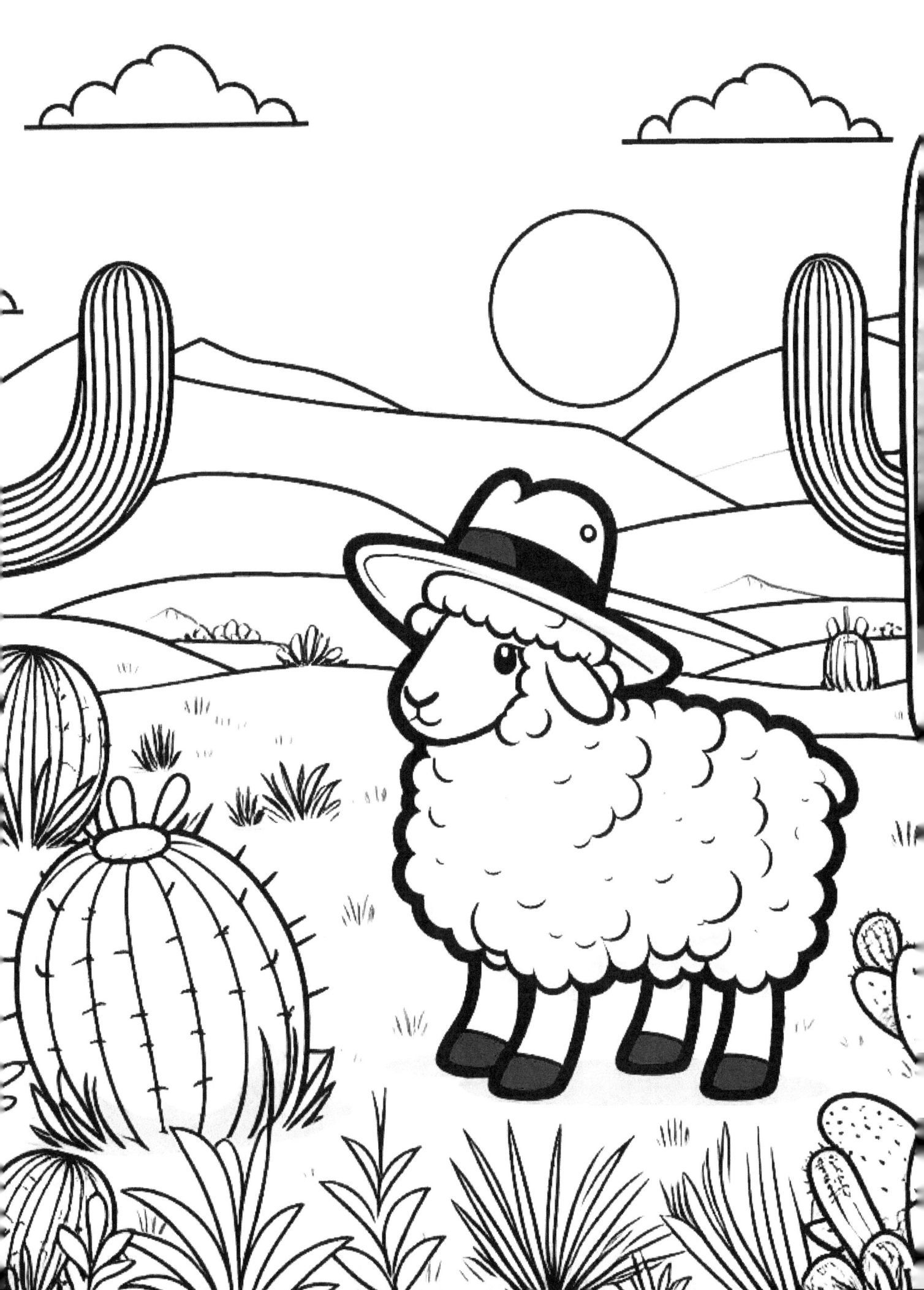

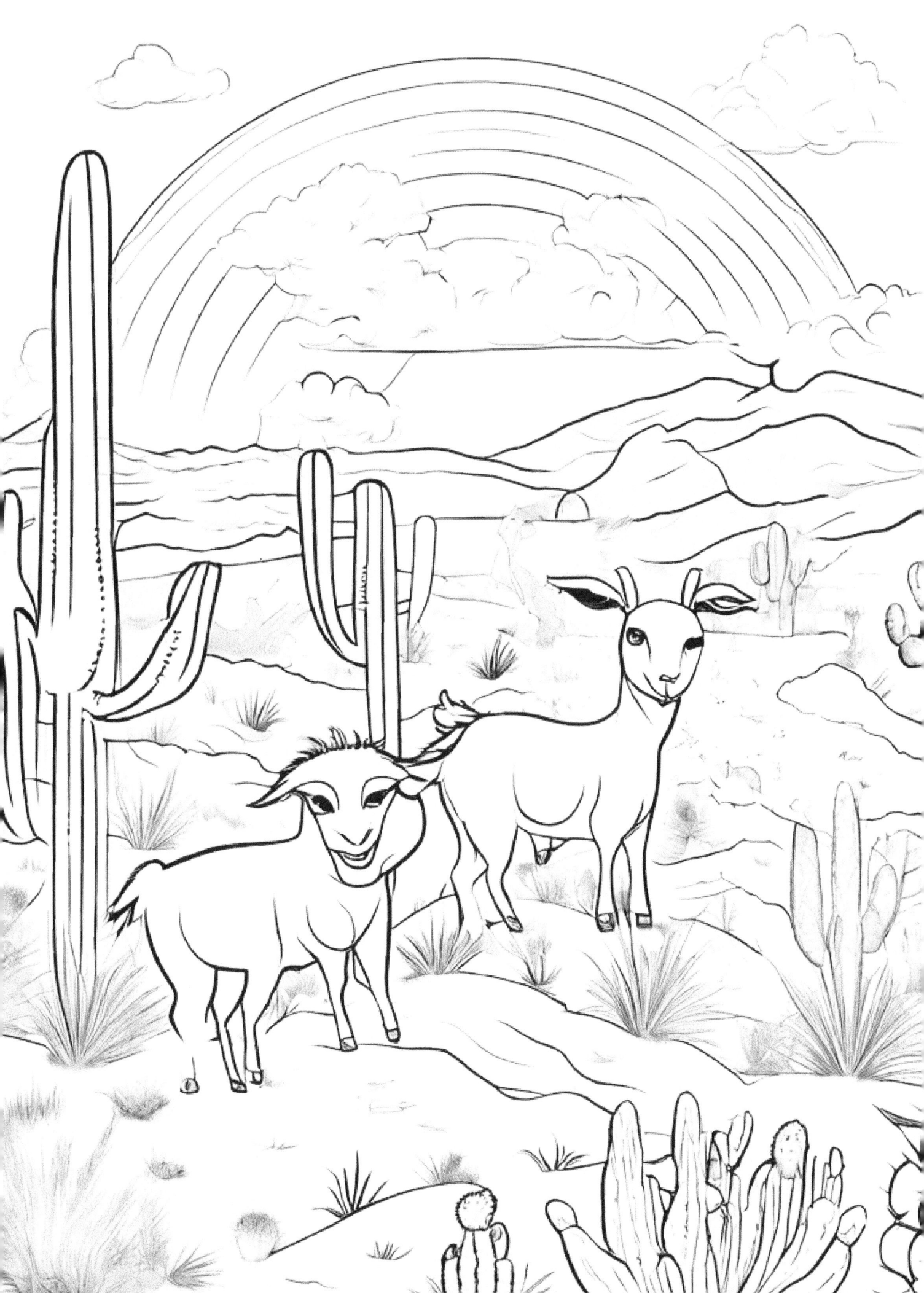

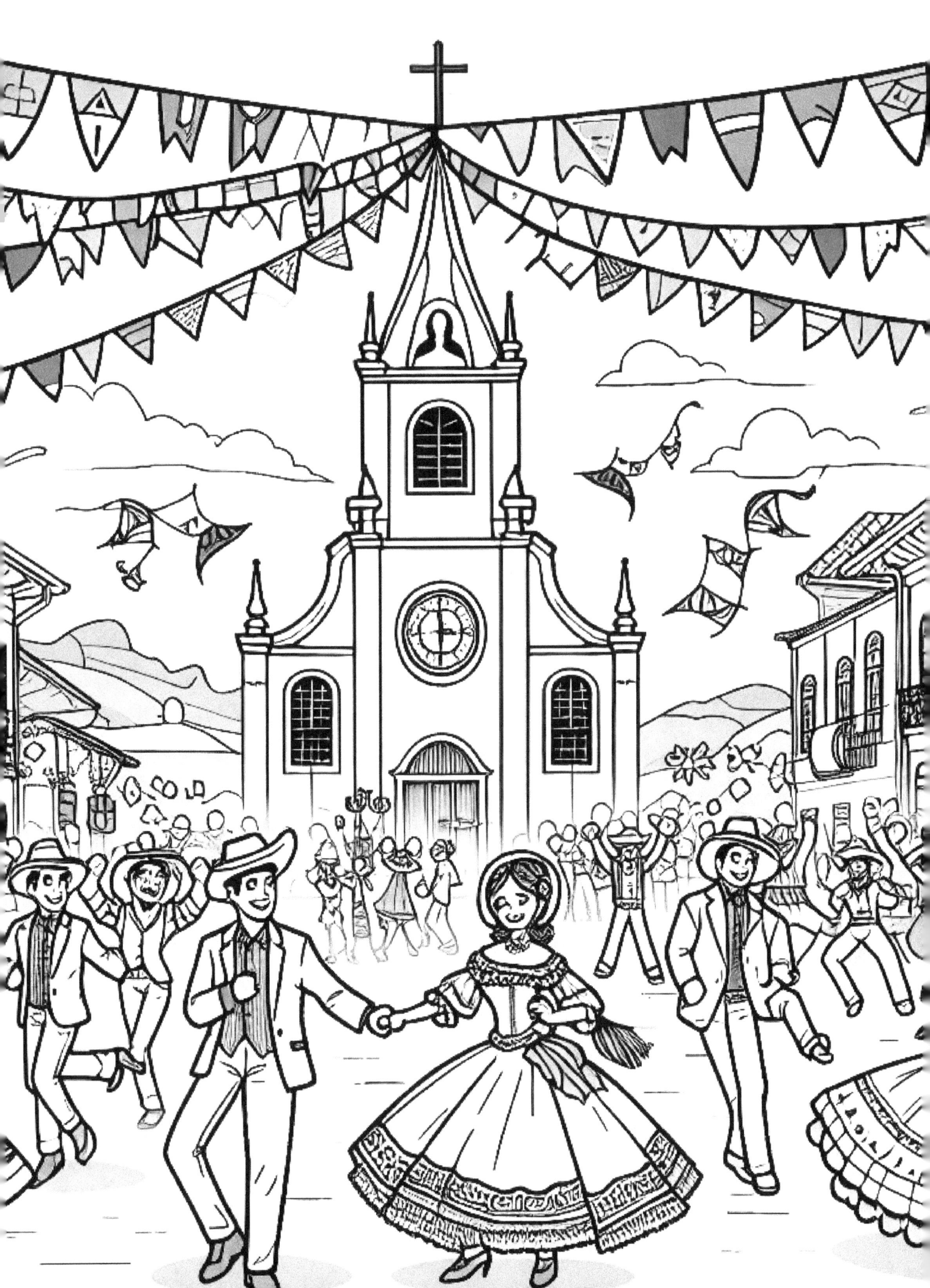

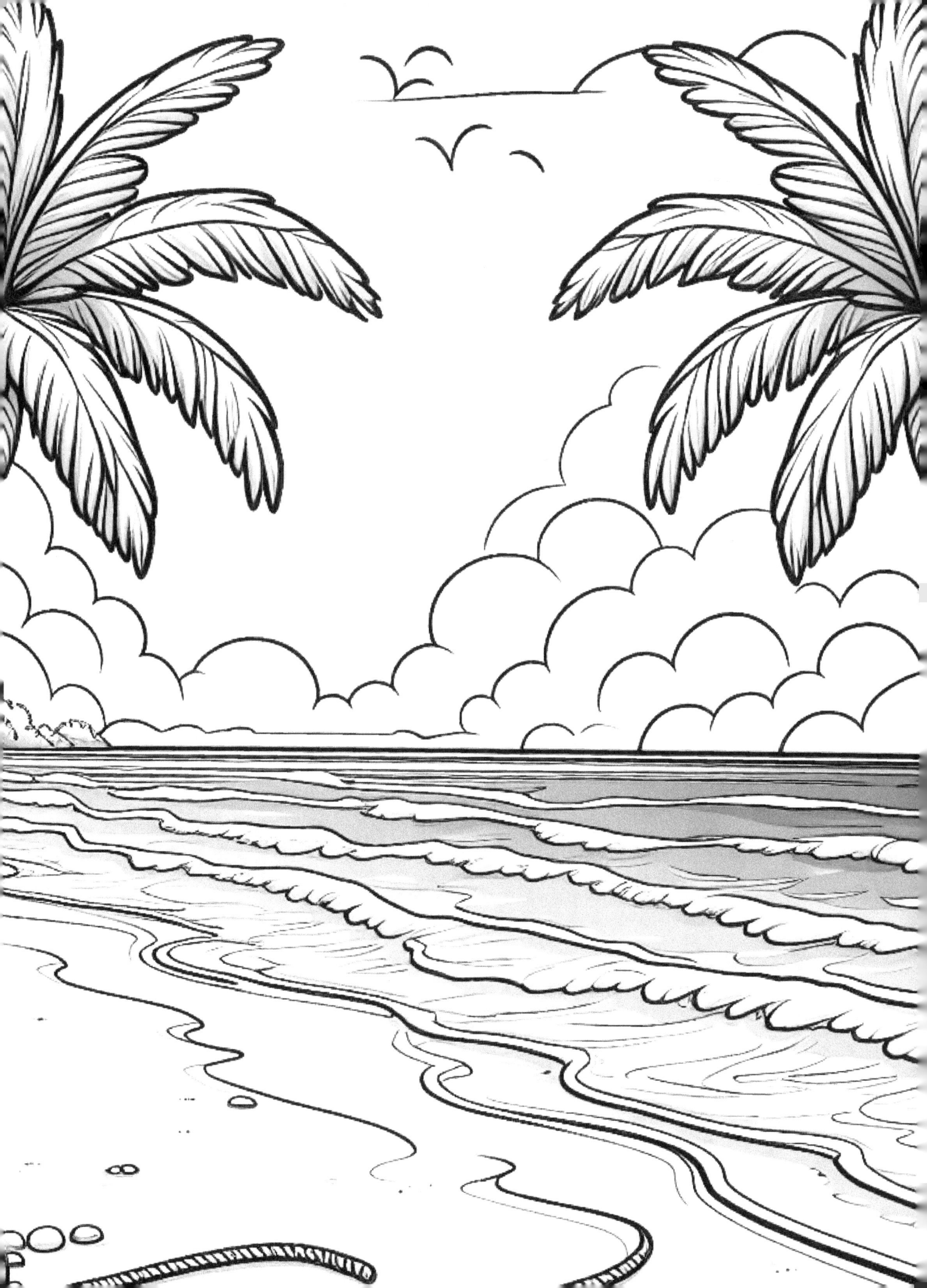

Nos campos do sul, os pampas se estendem infinitamente. Pintem um cavalo crioulo galopando e um pinhão caindo da árvore. Os ventos sopram suavemente pelos campos abertos.

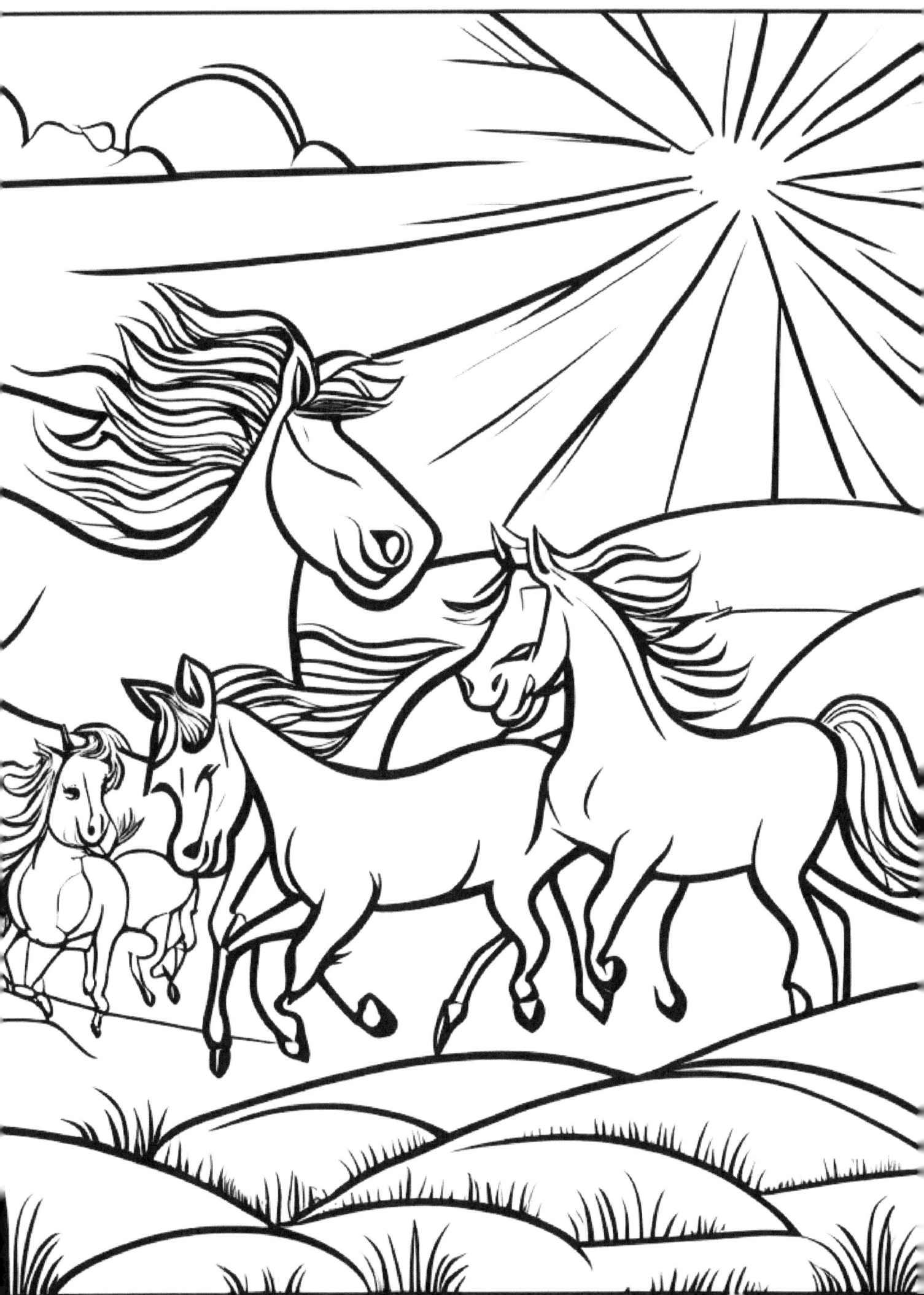

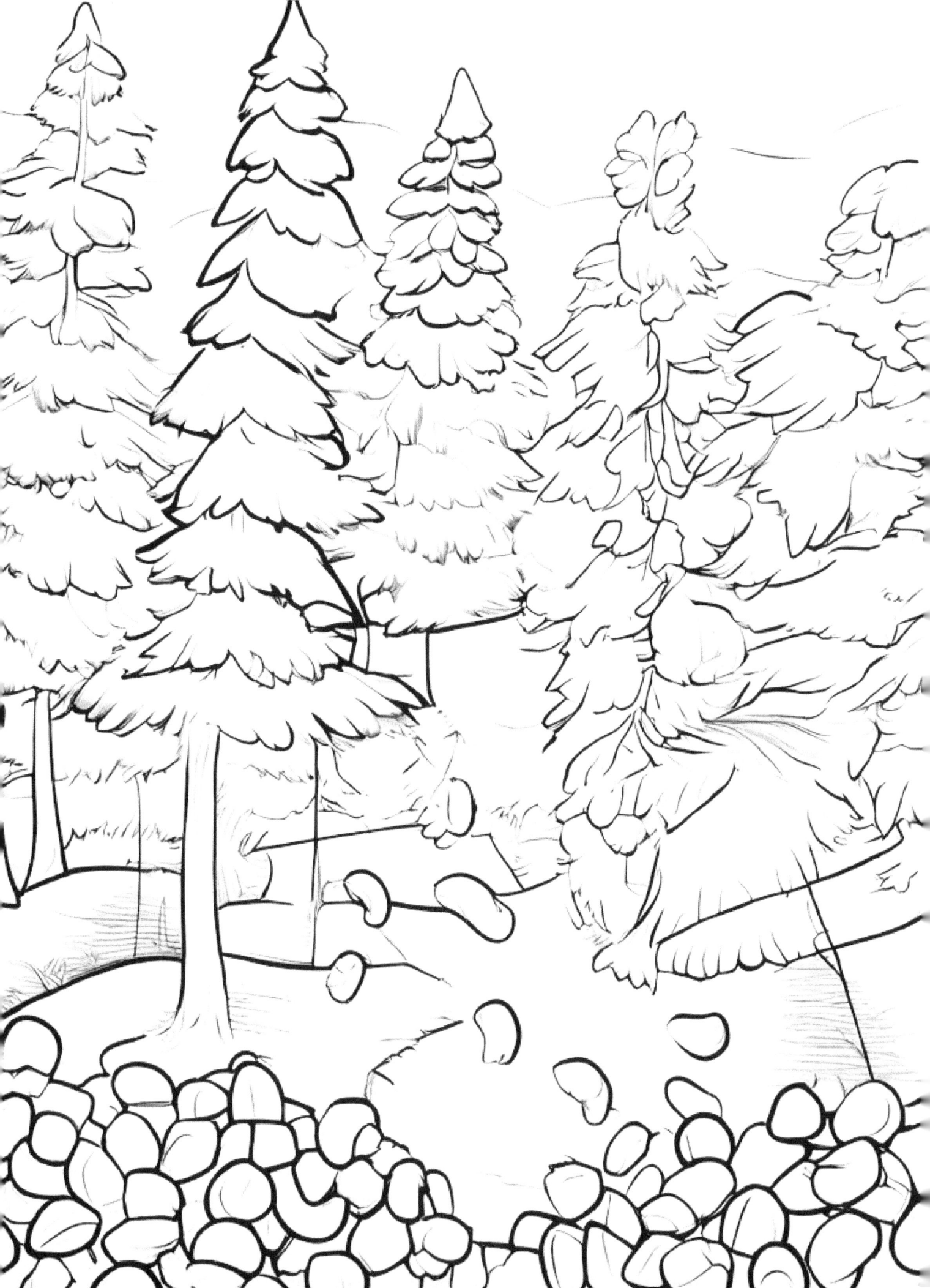

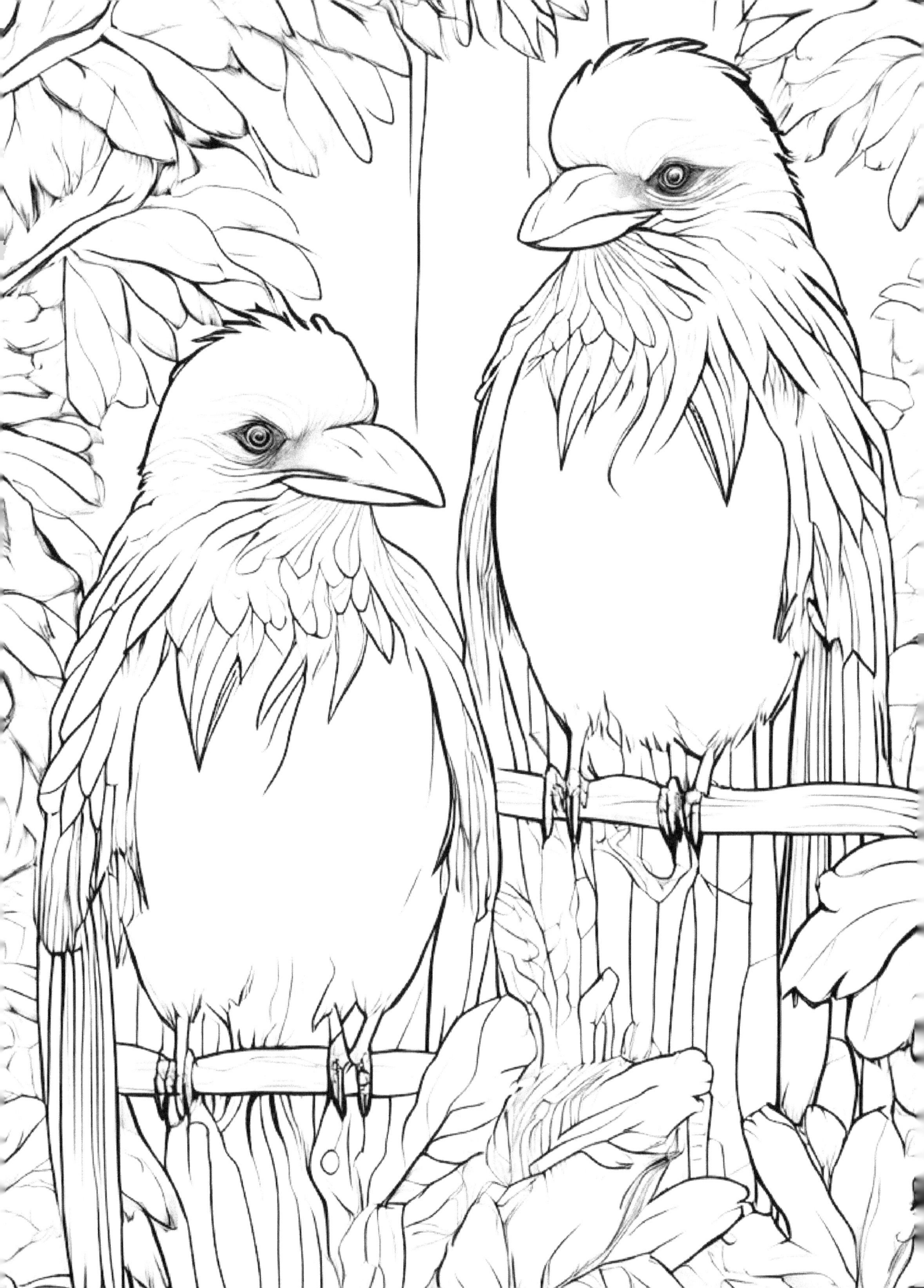

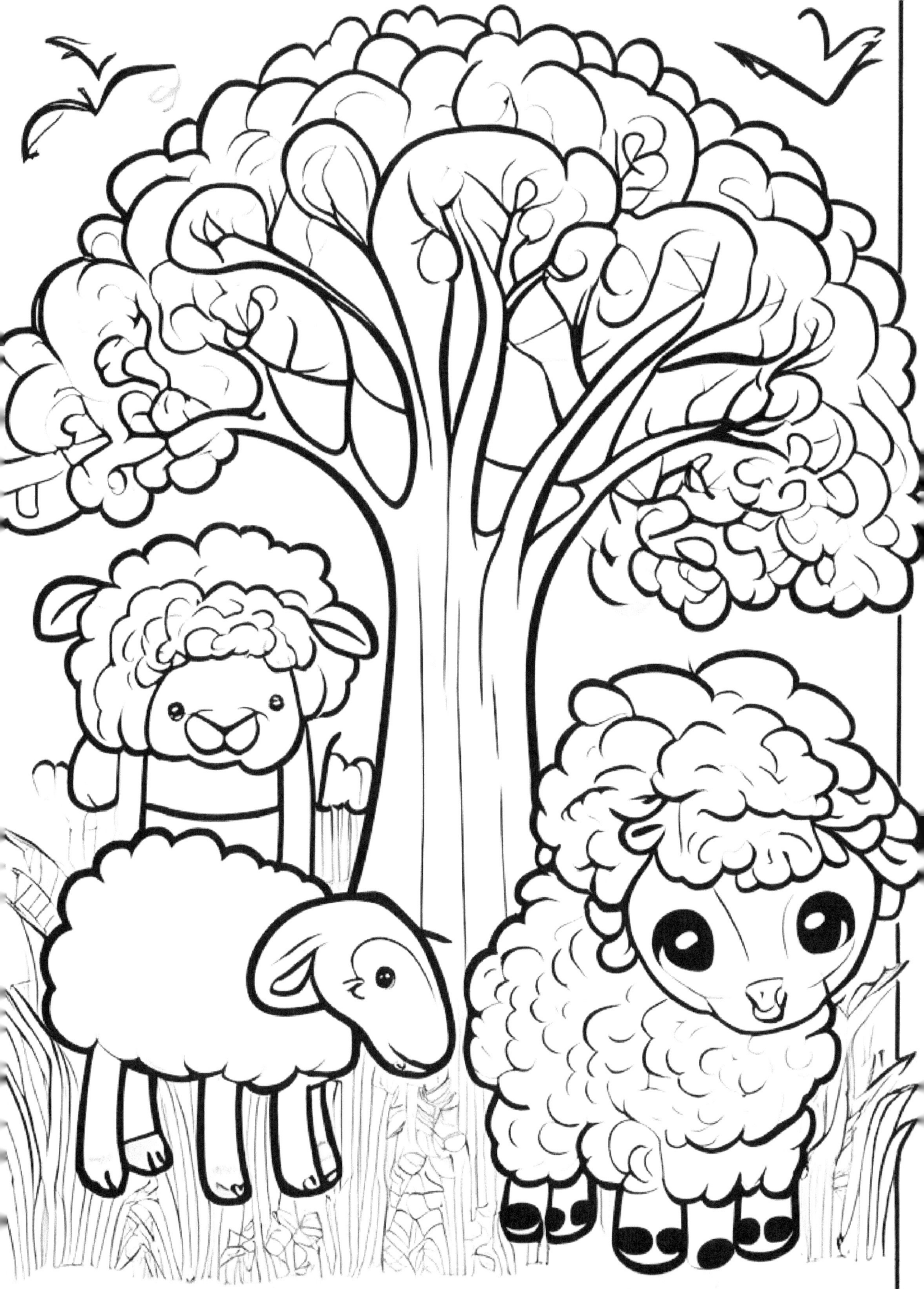

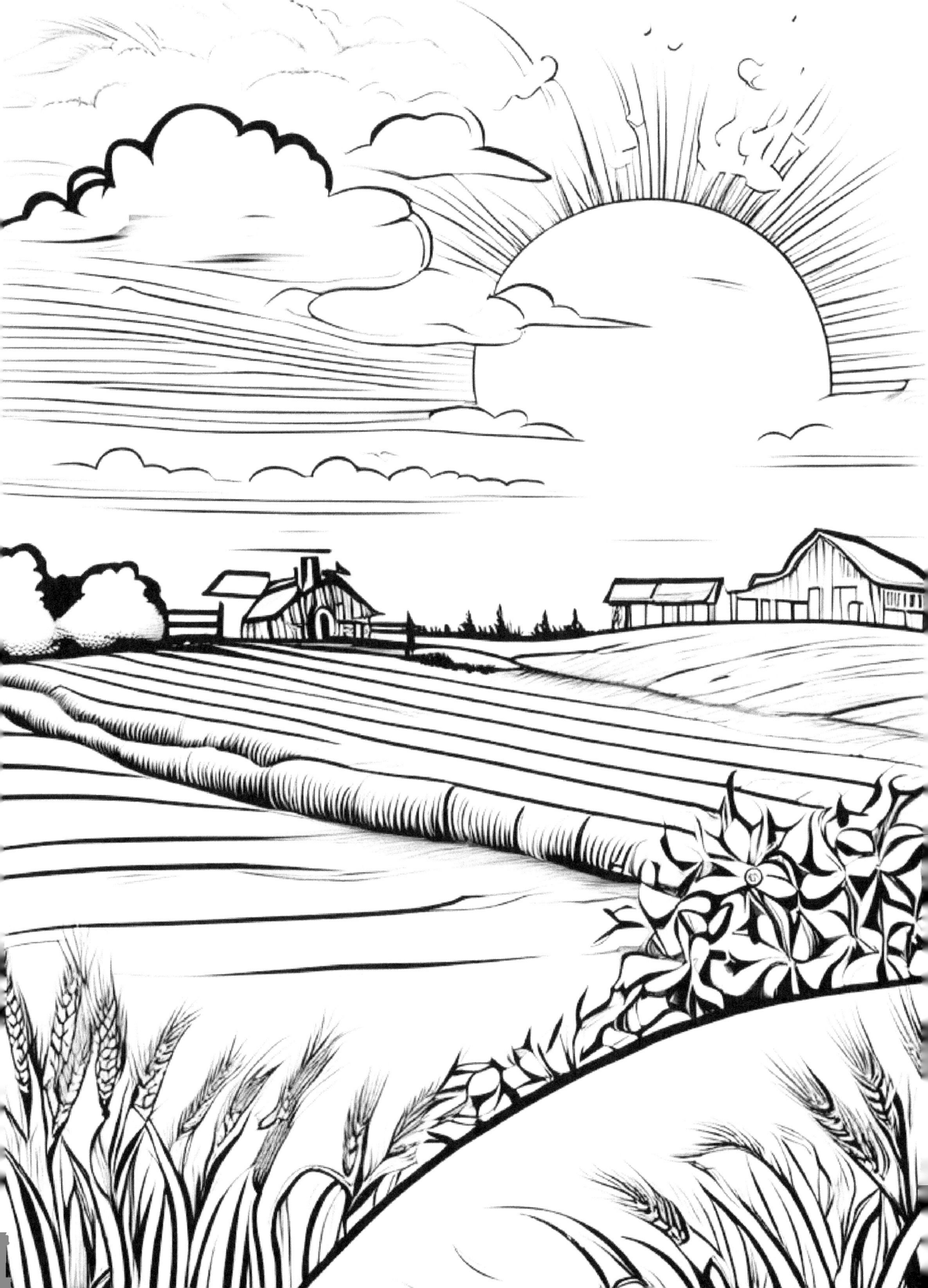

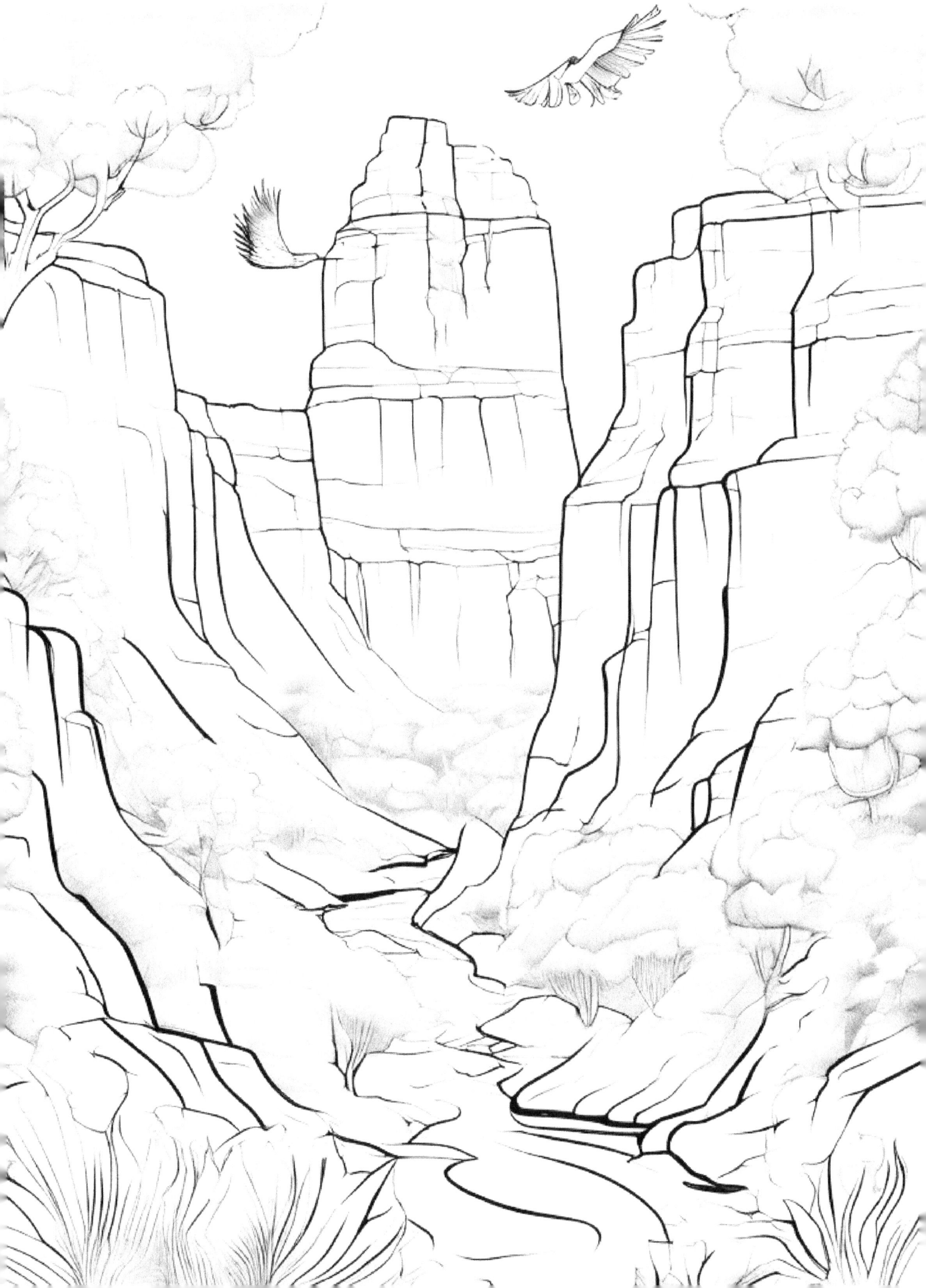

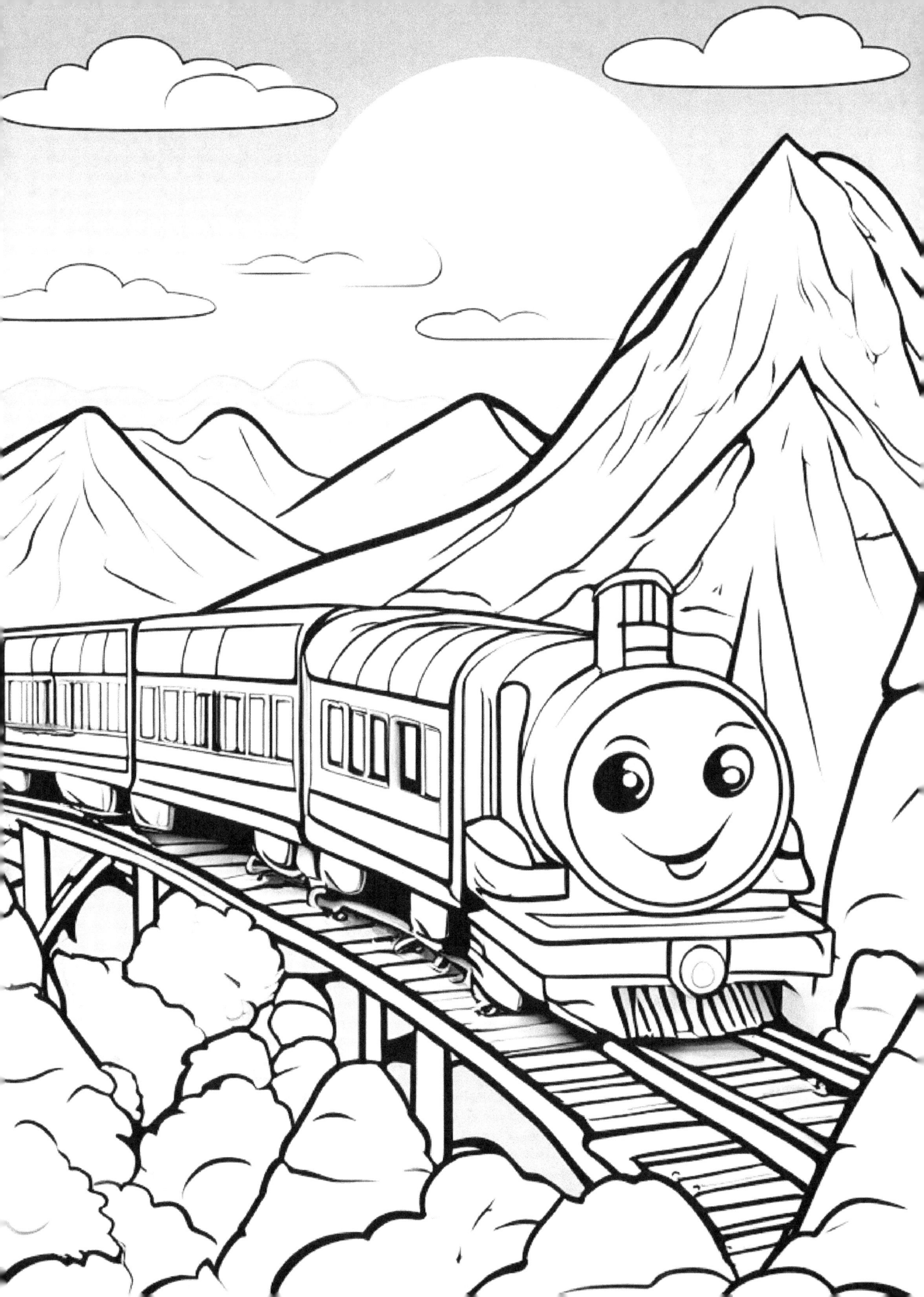

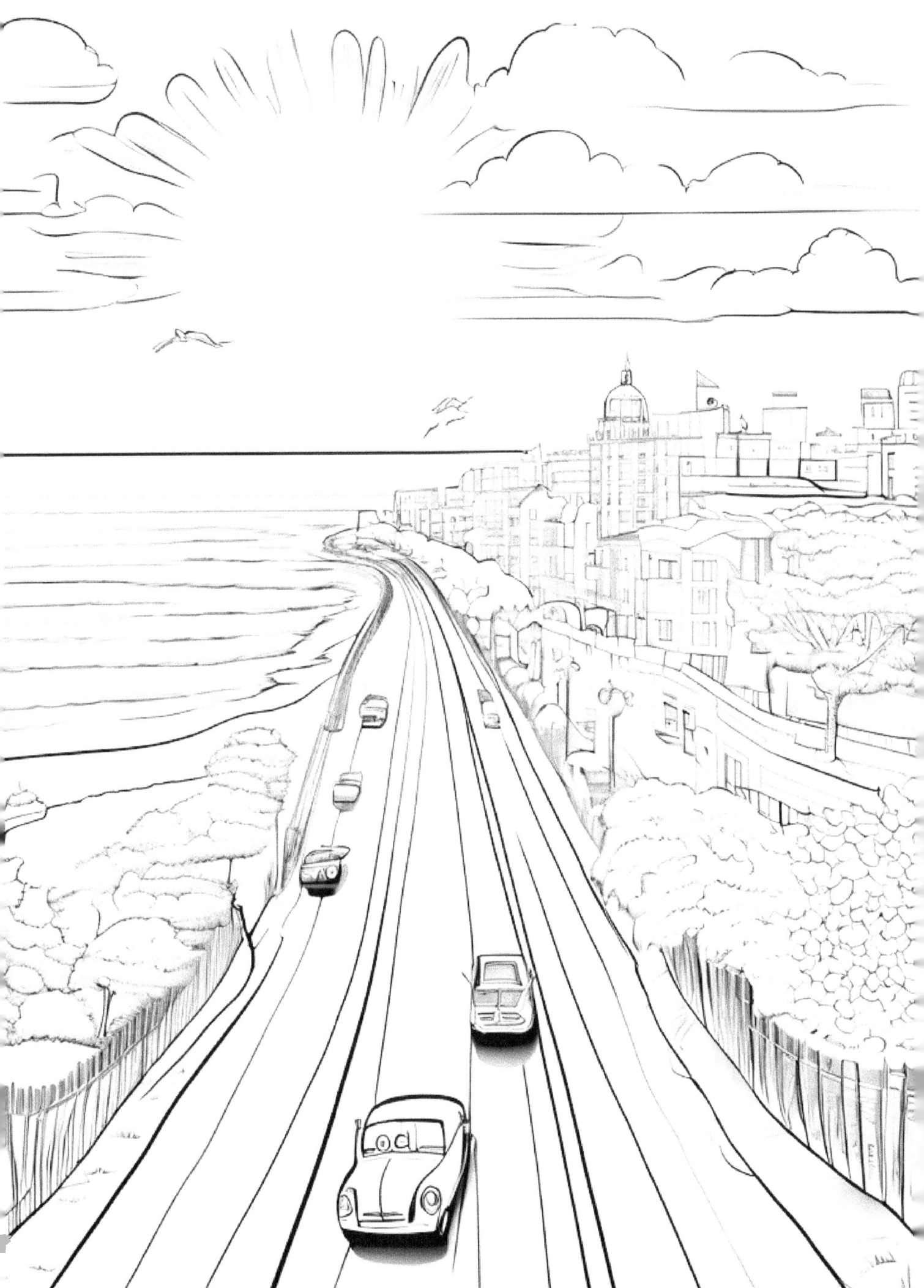

A região Sudeste é um mundo de arranha-céus, luzes e movimento. Pintem a Avenida Paulista, com seus prédios imponentes e pessoas apressadas. E não esqueçam de retratar o Cristo Redentor, símbolo do Rio de Janeiro!

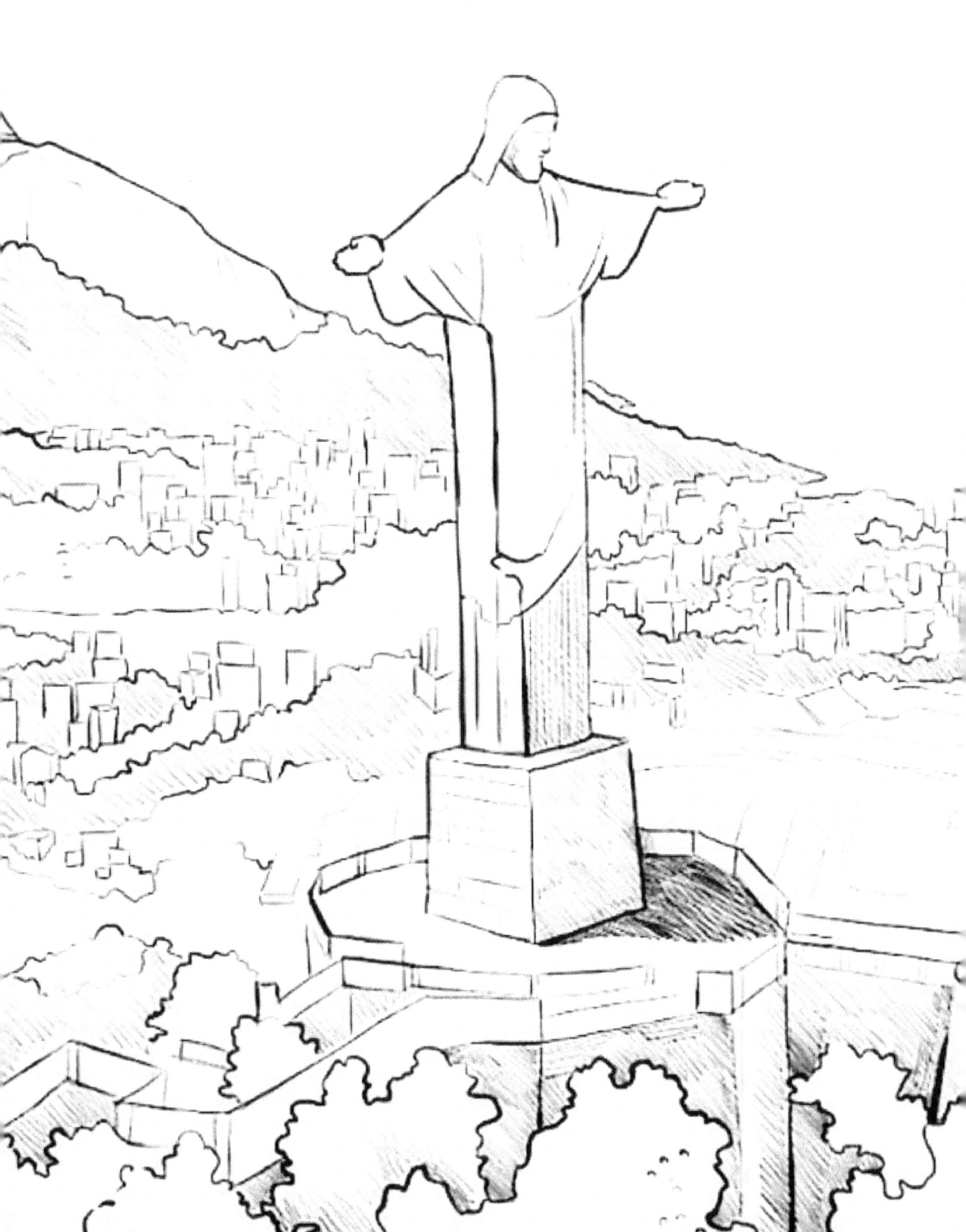

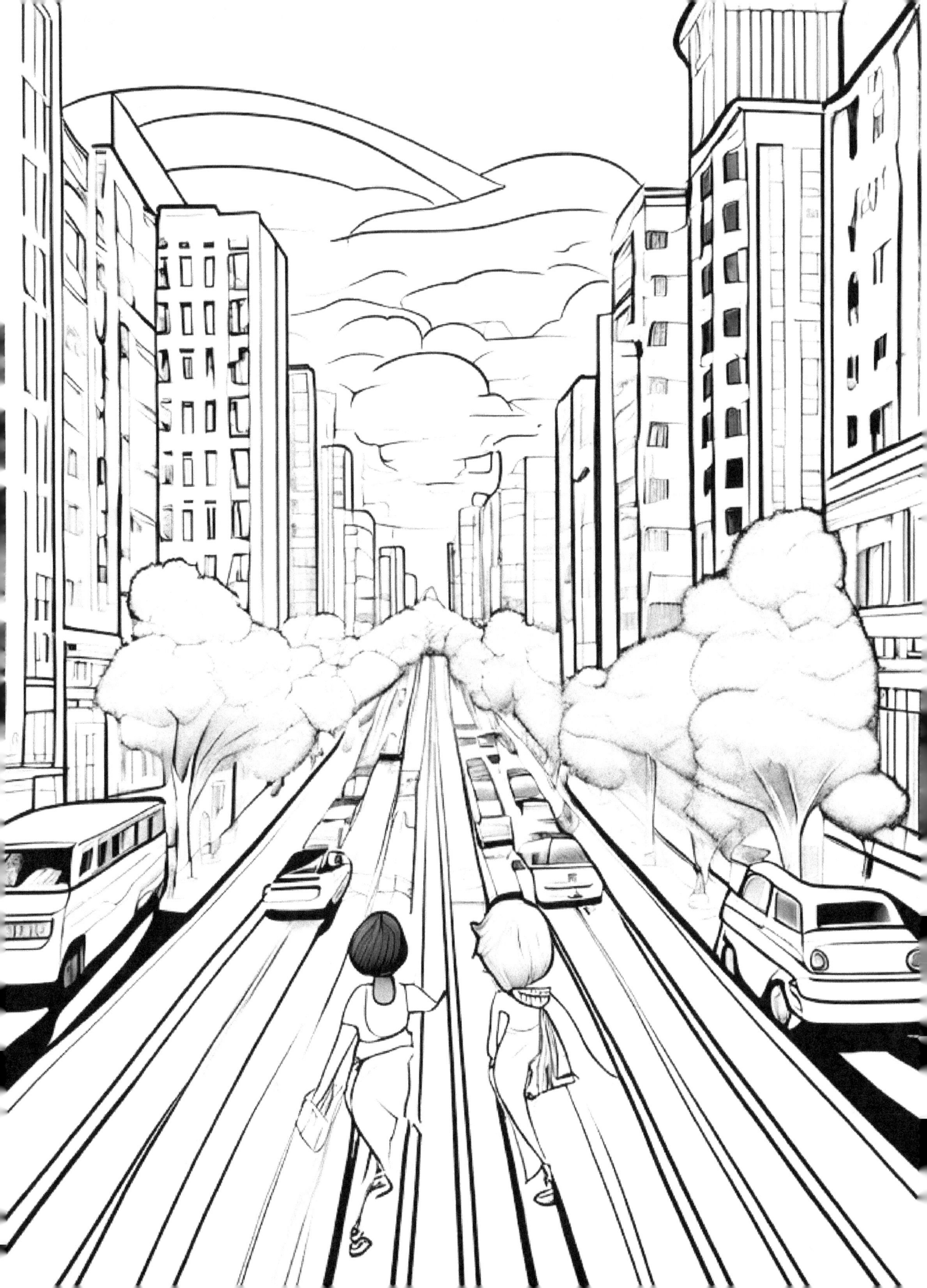

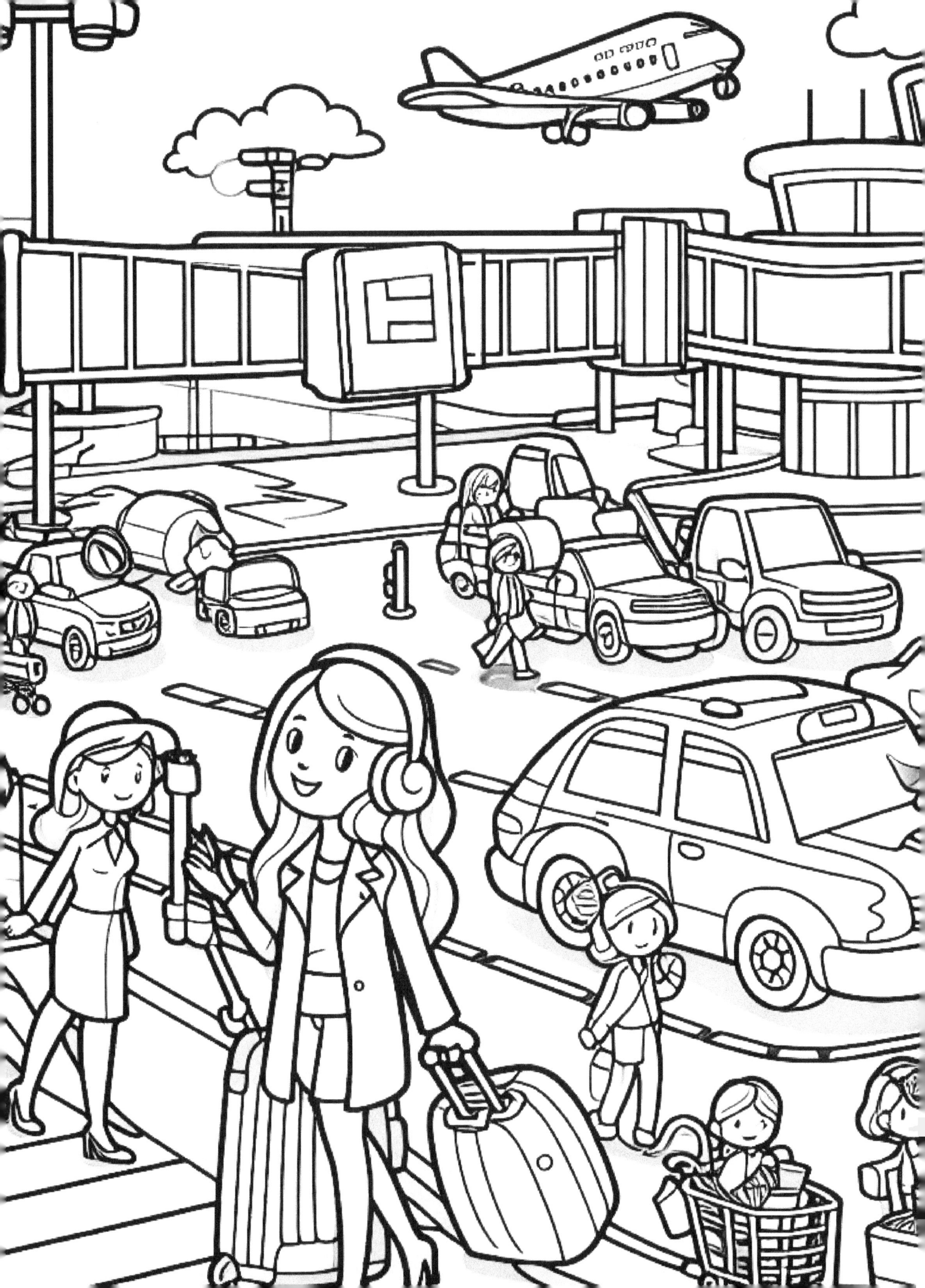

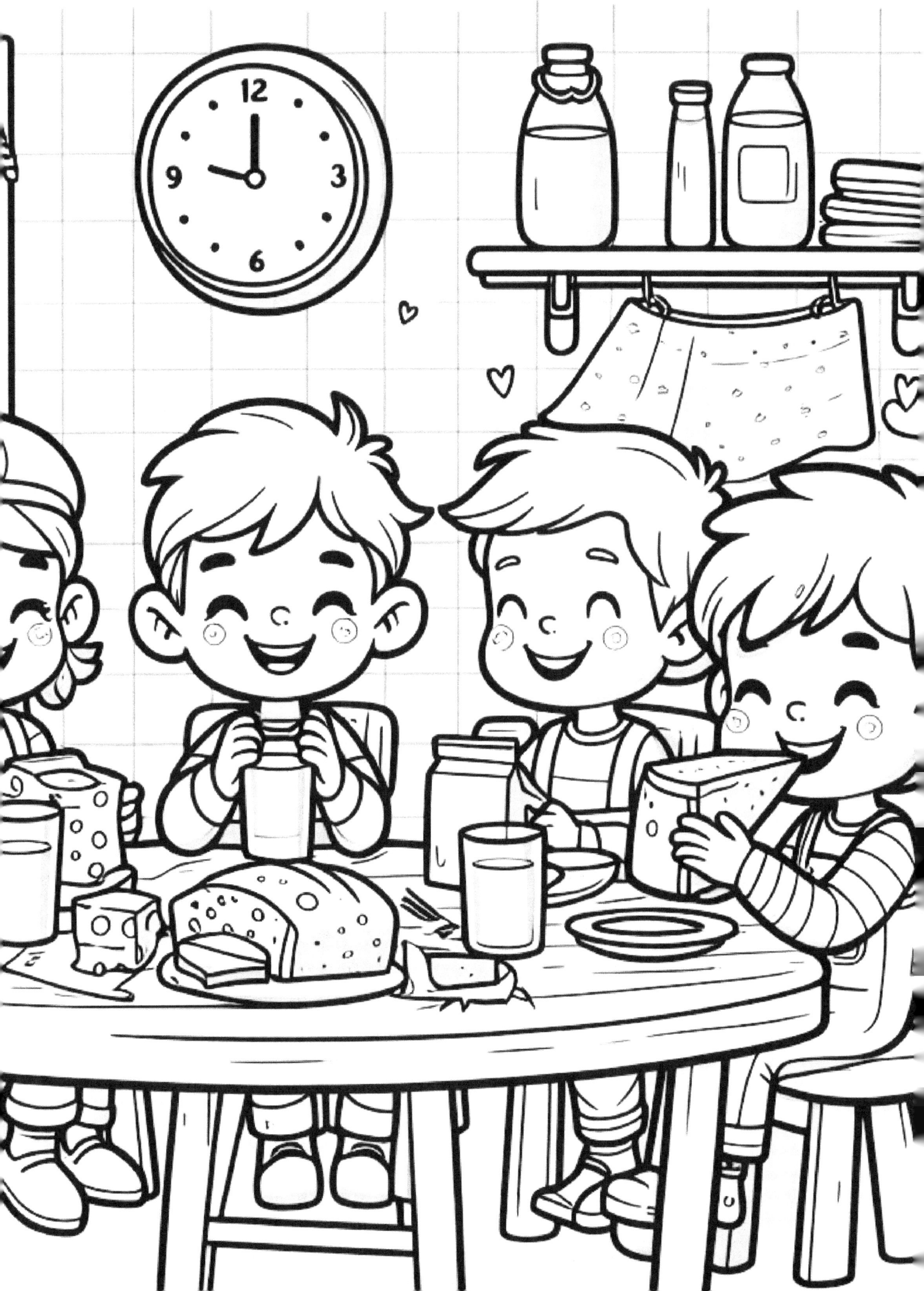

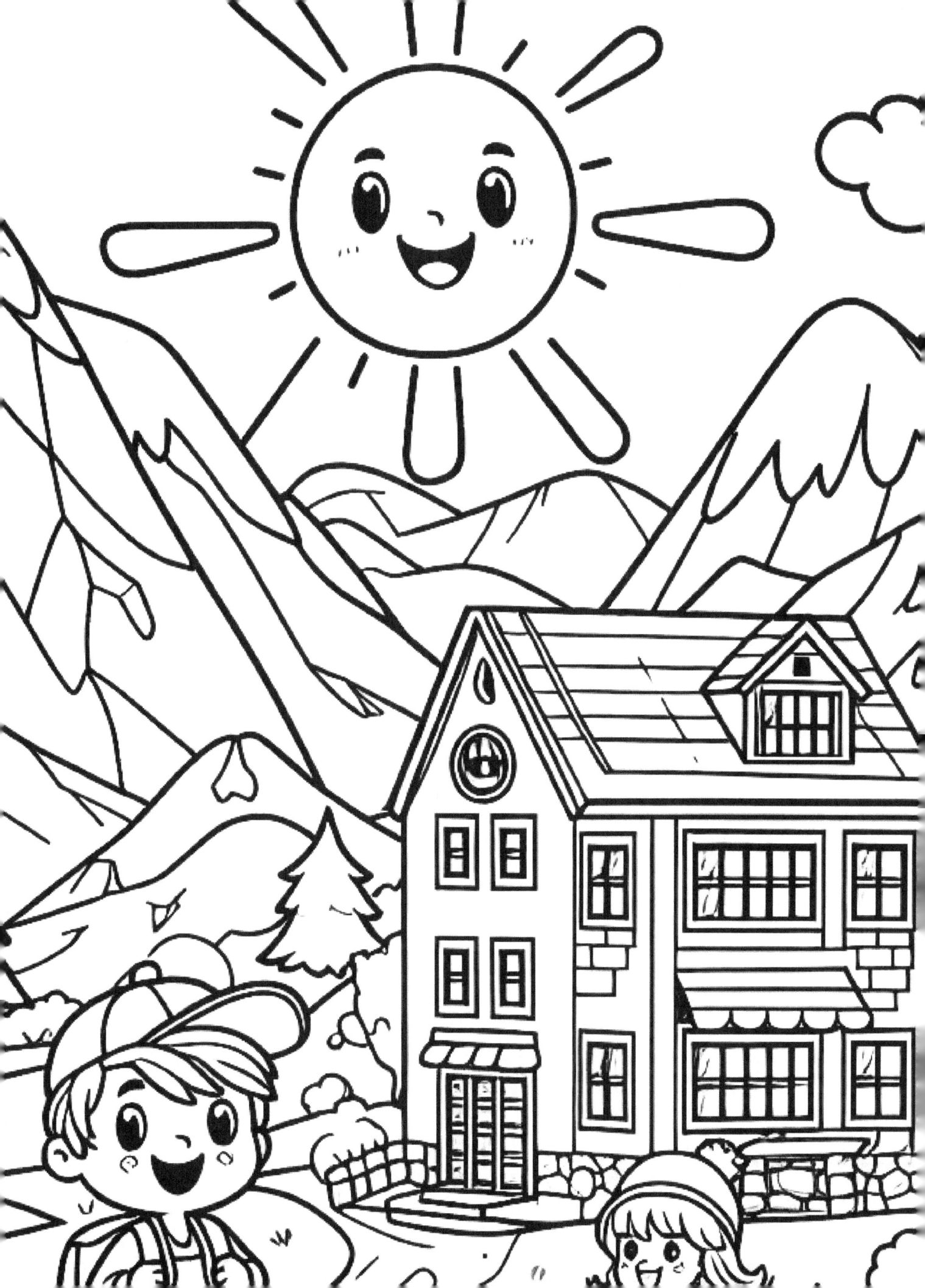

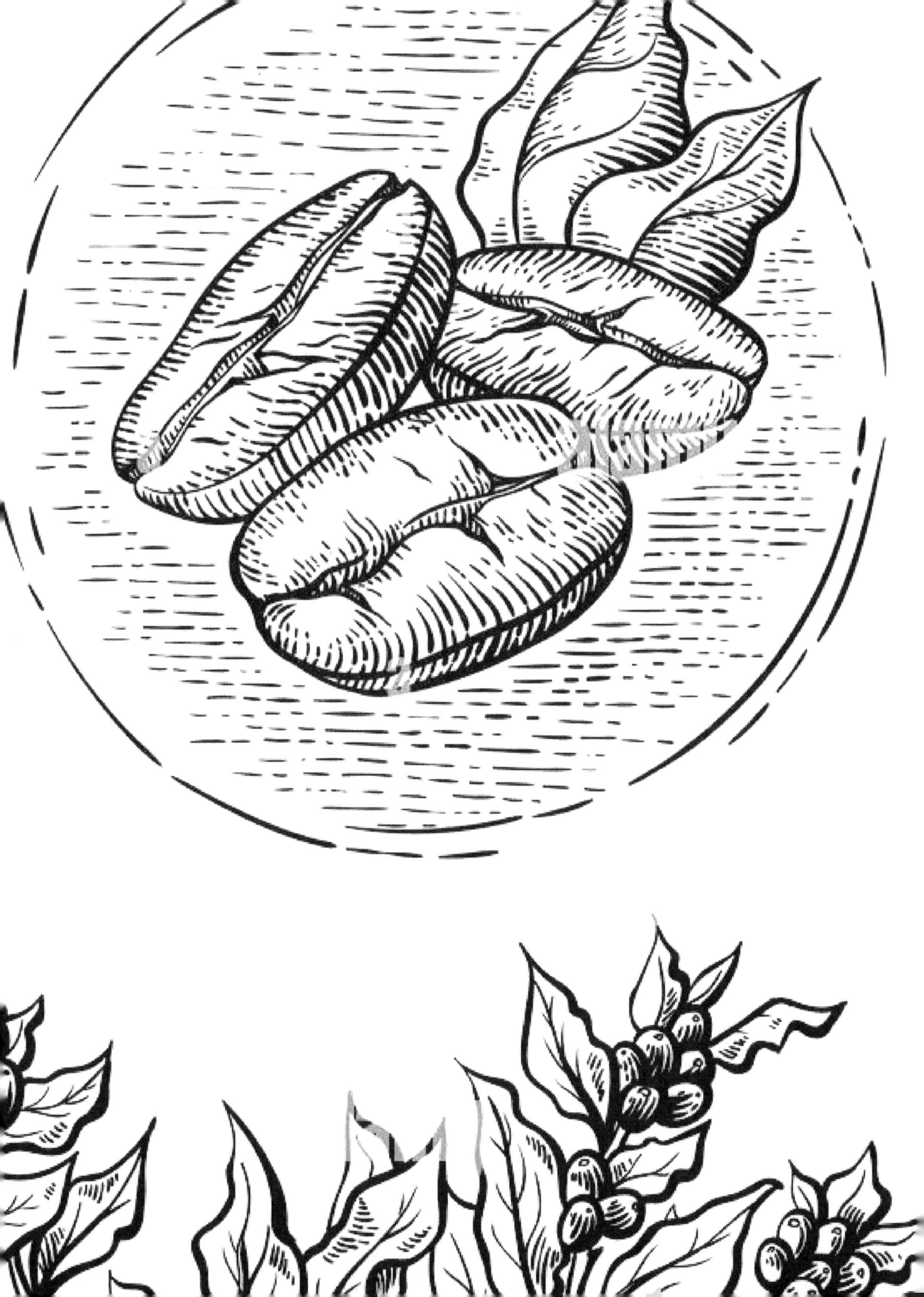

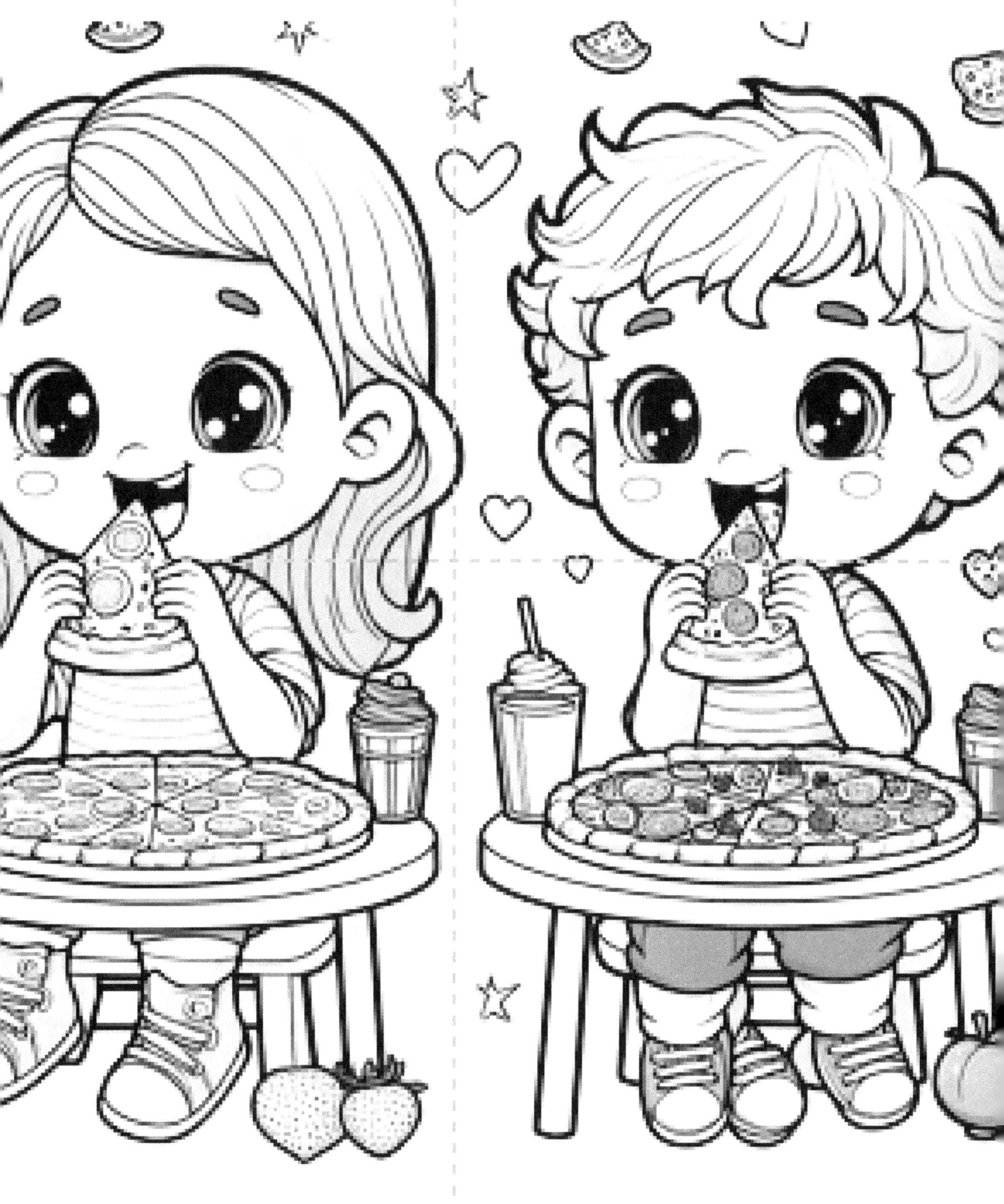

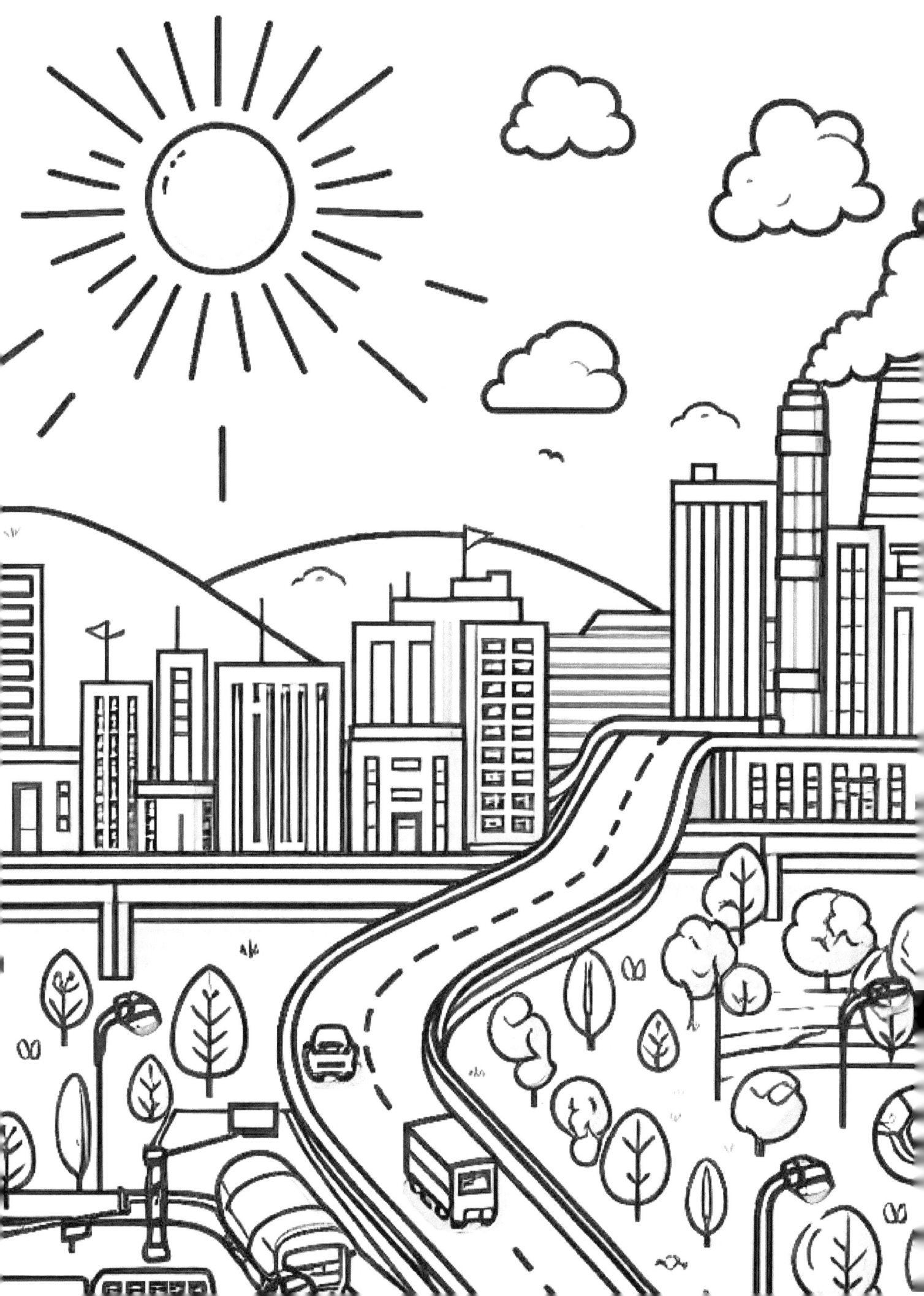

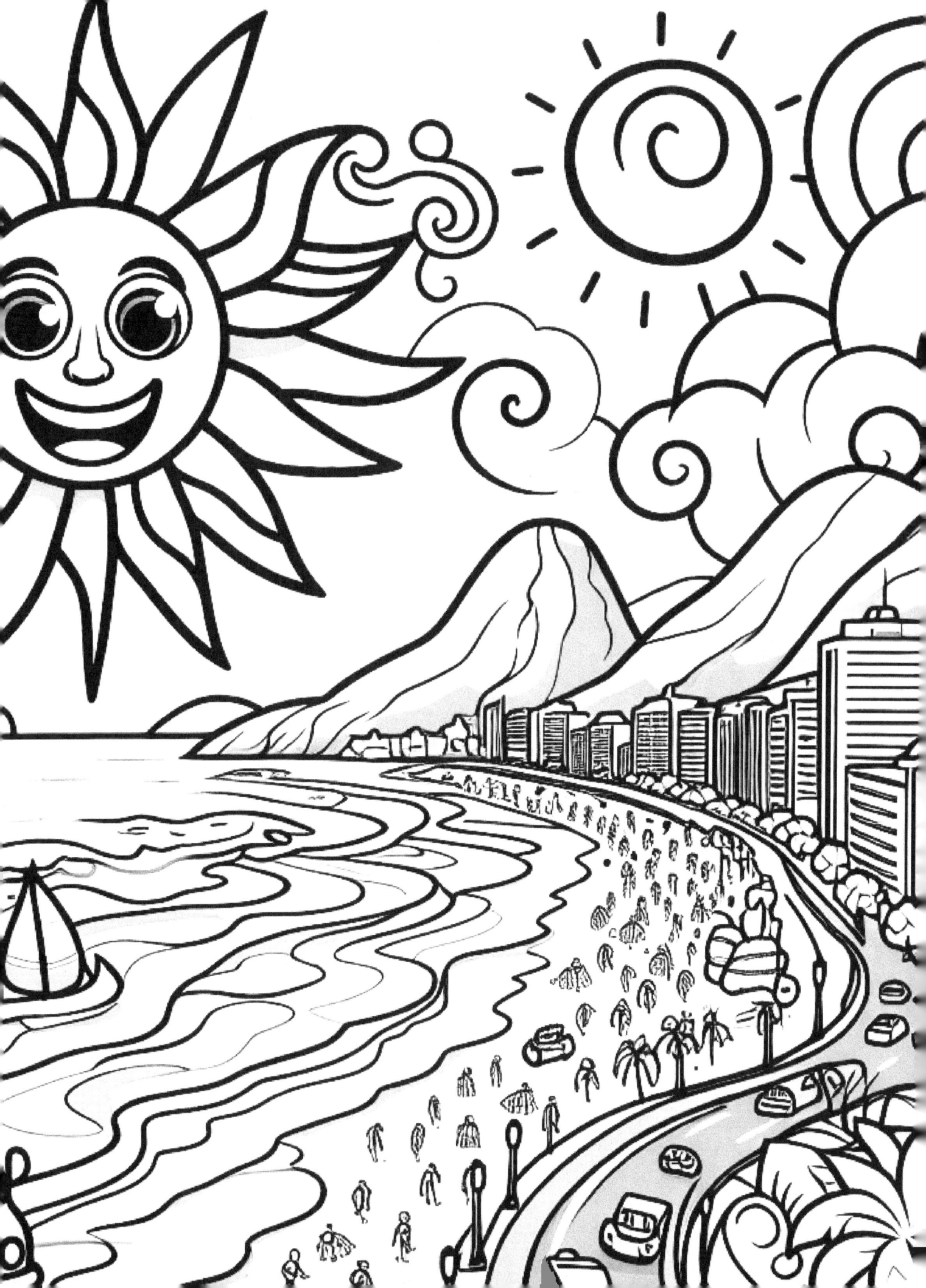

Adentramos o litoral! Que uma jangada multicolorida deslize pelas águas, enquanto um coqueiro dança ao sabor do vento. As praias do Brasil exalam magia!

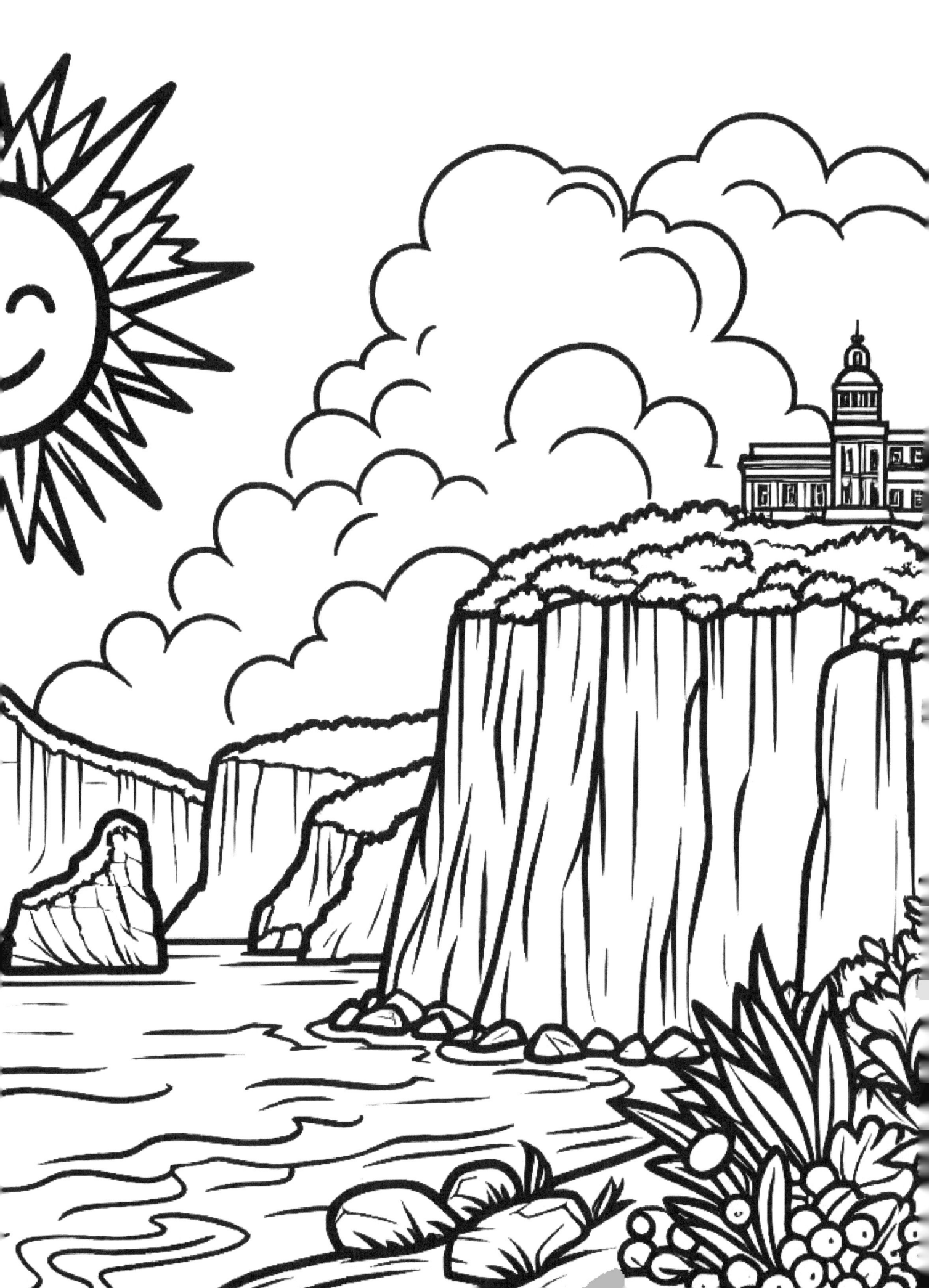

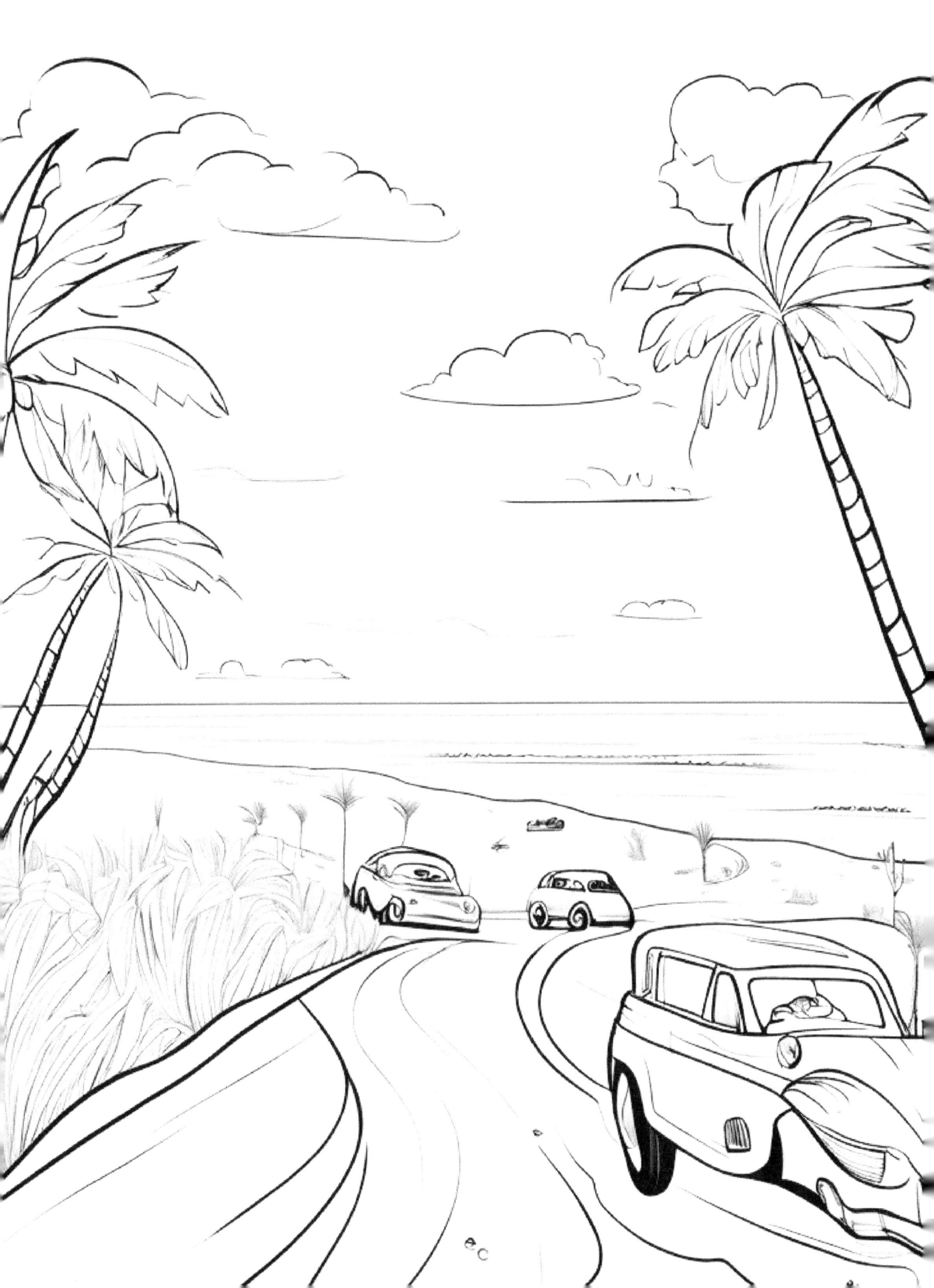

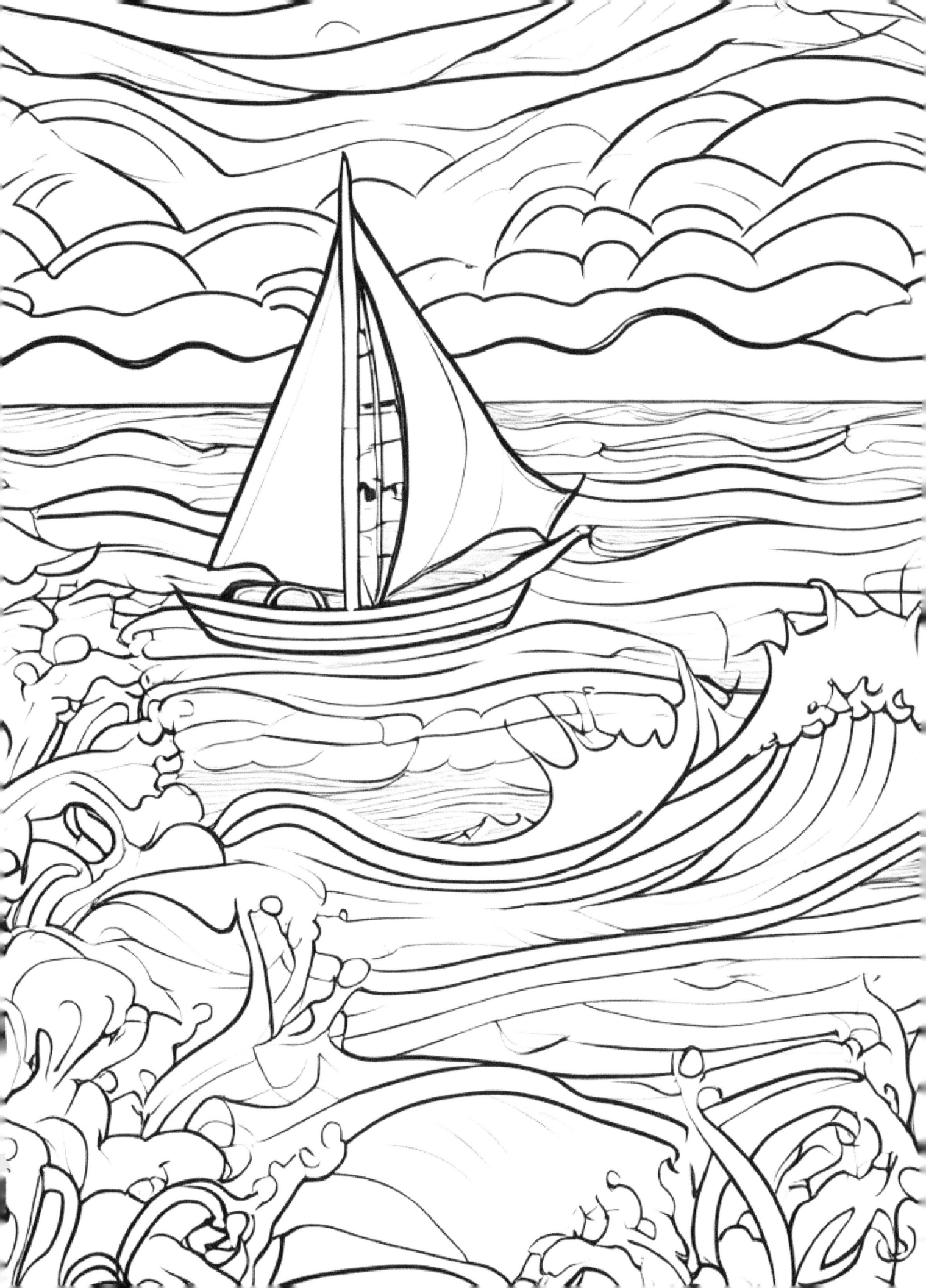

O cerrado do centro-oeste é uma paleta de tons quentes e vida selvagem. Pintem um tamanduá-bandeira passeando entre os arbustos e uma embaúba com suas folhas verdes. O cerrado é o berço das águas e merece ser celebrado!

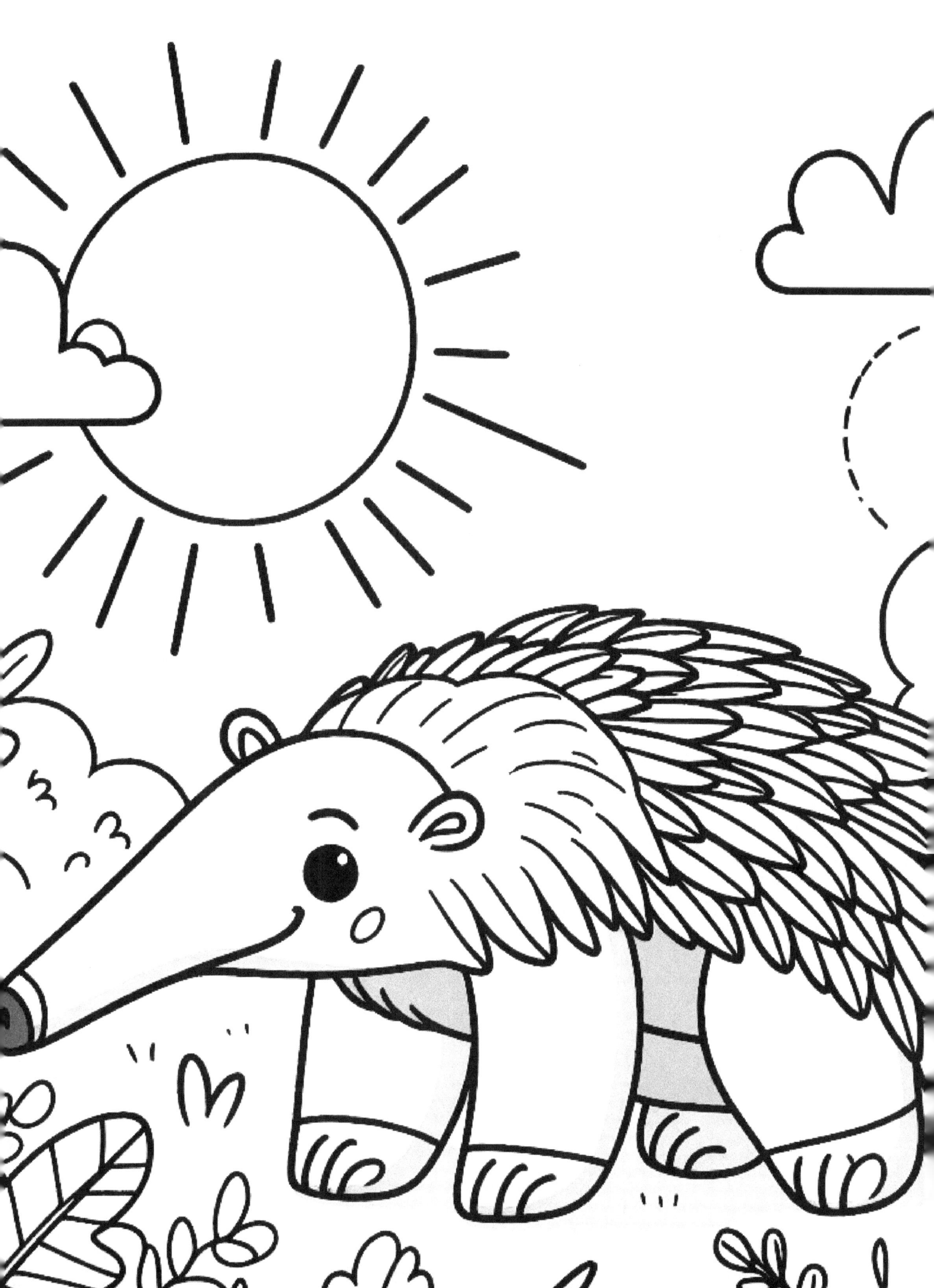

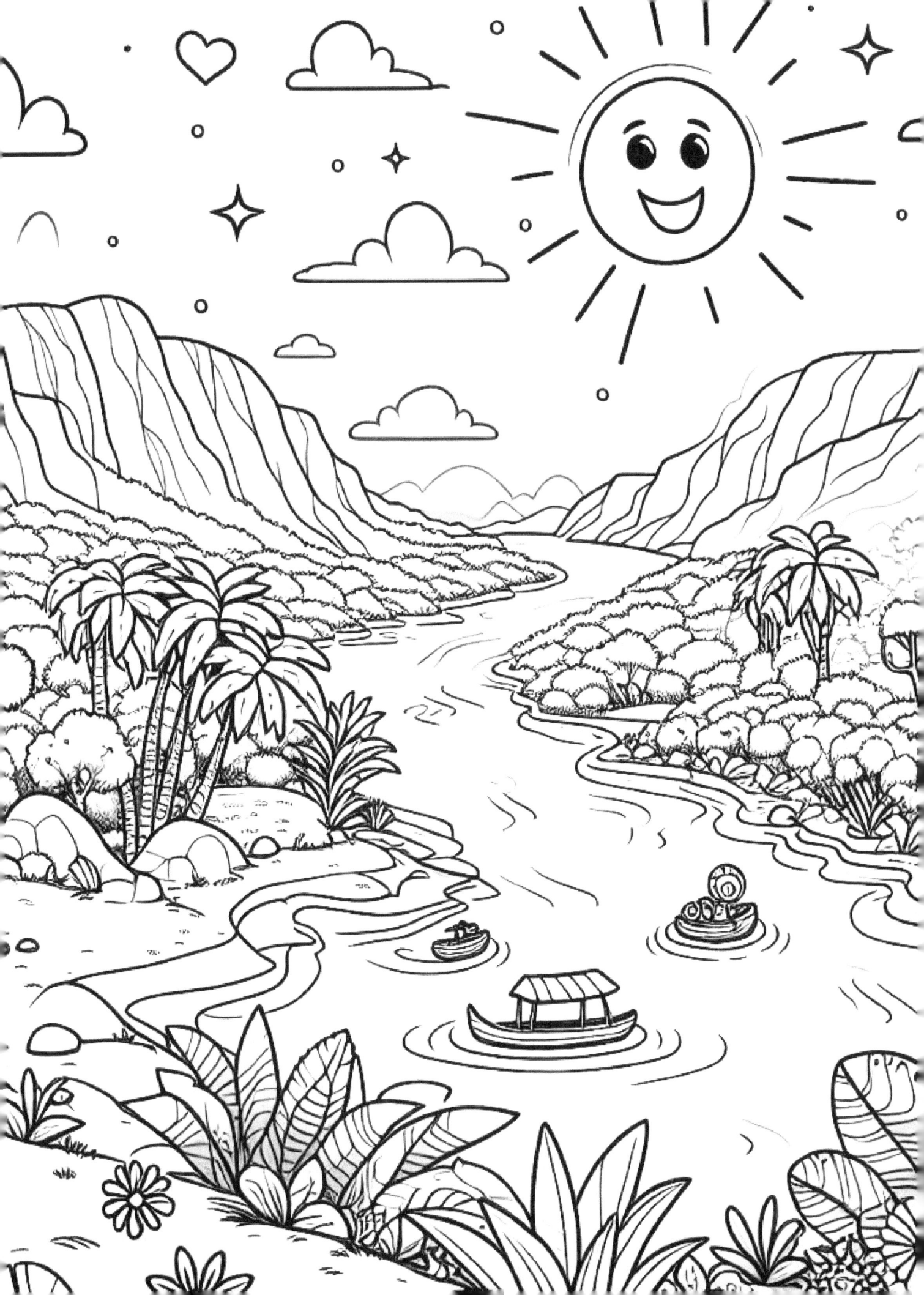

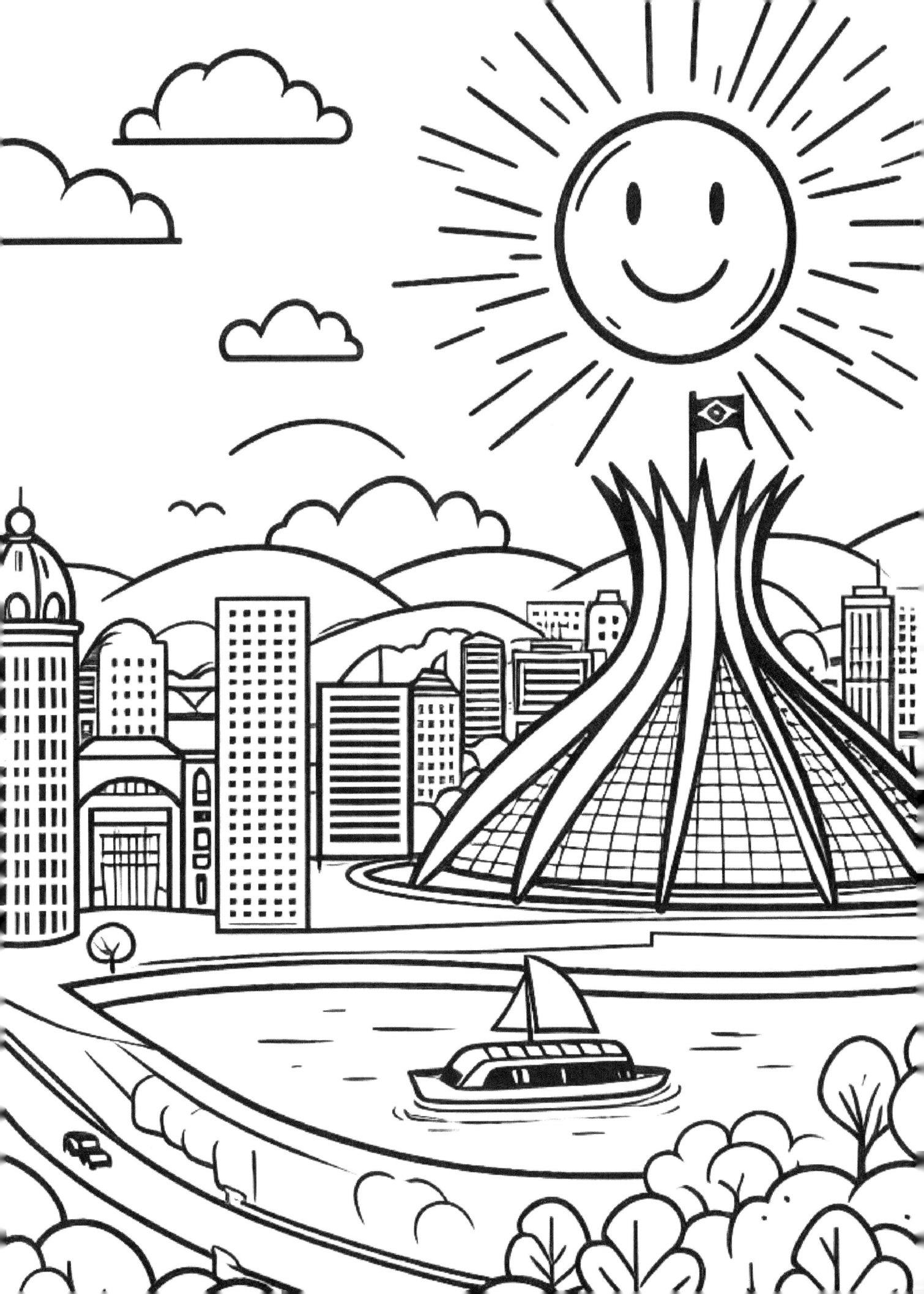

Espero que tenham gostado dessa viagem pintada pelo nosso país. Agora, peguem seus lápis e criem suas próprias obras de arte inspiradas nos cenários brasileiros. Vamos colorir o Brasil juntos!

www.ingramcontent.com/pod-product-compliance
Lightning Source LLC
Chambersburg PA
CBHW062110220526
45471CB00010B/3672